Das Einsteigerseminar

XHTML 1.0

Thomas Kobert

Das Einsteigerseminar
XHTML 1.0

Die Informationen im vorliegenden Buch werden ohne Rücksicht auf einen eventuellen Patentschutz veröffentlicht.

Warennamen werden ohne Gewährleistung der freien Verwendbarkeit benutzt.

Bei der Zusammenstellung von Texten und Abbildungen wurde mit größter Sorgfalt vorgegangen. Trotzdem können Fehler nicht vollständig ausgeschlossen werden. Verlag, Herausgeber und Autoren können für fehlerhafte Angaben und deren Folgen weder eine juristische Verantwortung noch irgendeine Haftung übernehmen.

Für Verbesserungsvorschläge und Hinweise auf Fehler sind Verleger und Herausgeber dankbar.

Alle Rechte vorbehalten, auch die der fotomechanischen Wiedergabe und der Speicherung in elektronischen Medien.

Die gewerbliche Nutzung der in diesem Buch gezeigten Modelle und Arbeiten ist nicht zulässig.

Dieses Buch wurde der Umwelt zuliebe auf chlorfrei gebleichtem Papier gedruckt.

Copyright © 2000 by bhv Verlag
Bürohandels- und Verlagsgesellschaft mbH
Novesiastraße 60
41564 Kaarst
Germany
Telefax: (0 21 31) 765 – 101
Internet-Adresse: http://www.bhv.net

04 03 02 01 00
10 9 8 7 6 5 4 3 2 1
1. Auflage

ISBN 3-8287-1109-X

Printed in Italy

Inhalt

| Vorwort | 15 |

1	**Grundlagen**	**19**
1.1	Was ist das WWW?	19
1.2	Was ist E-Mail?	21
1.3	News & IRC	23
1.4	Immer schön höflich – die Netiquette	25
1.5	Was ist das Internet?	26
1.6	Geschichtliches	28
1.7	Von HTML zu XHTML	29
1.8	Wer entwickelt XHTML?	30
1.9	Zusammenfassung, Fragen und Übungen	32

2	**XHTML-Grundlagen**	**35**
2.1	Was ist XHTML?	35
2.2	Was benötige ich zum Programmieren in XHTML?	36
2.3	Wie kommt die Seite ins WWW?	38
	Web-Provider	38
	Kostenloser Web-Space	38
2.4	Systemvoraussetzungen	39
	Software	39
	Hardware	40
2.5	Was sind Auszeichnungssprachen?	41
	SGML	41
	XML	42
	HTML & XHTML	44

	HTM und HTML	44
	Physische Auszeichnungen	45
	Logische Auszeichnungen	45
	Semantische Auszeichnungen	46
	Delimitierung	46
2.6	Zusammenfassung, Fragen und Übungen	47

3 Eine erste XHTML-Seite — 51

3.1	Die Syntax	51
	Tags	51
	Elemente	52
	Die Schreibweise	53
	Erlaubte Zeichen	53
3.2	Die Seite	53
	Eine einfache Seite	54
	Eine XHTML-1.0-konforme Seite	54
	Der Dokumentenkopf	57
	Das Tag body	58
3.3	Kommentare	58
3.4	Entities	59
	Was sind Entities?	59
	Der Aufbau eines Entity	60
	Die wichtigsten Entities	60
3.5	Der Dokumenteninhalt	61
	Texteingabe	62
	Zeilenumbruch	63
	Absatz	65
3.6	Trennlinien	66
3.7	Die Attribute eines Tags	68
	Die Größe	69
	Die Breite	69
	Die Ausrichtung	71

	Attribute kombinieren	73
3.8	Zusammenfassung, Fragen und Übungen	75

4 Text und Formatierungen 79

4.1	Basisformatierungen des Textes	79
4.2	Physische Textformate	81
	Fett und kursiv	81
	Verschachtelte Tags	85
	Hoch- und tiefgestellt, groß und klein	86
	Weitere Formatierungen	89
4.3	Logische Textformate	90
4.4	Listen	95
	Die unsortierte Liste	95
	Die sortierte Liste	98
	Sortierte und unsortierte Listen verbinden	102
4.5	Glossar	103
4.6	Zusammenfassung, Fragen und Übungen	105

5 Hyperlinks 109

5.1	Links definieren	109
5.2	Lokale Links	110
	Links innerhalb eines Dokuments	110
	Links innerhalb der Web-Site	113
5.3	Links im Web	115
	Link in ein anderes Verzeichnis	115
	Link auf einen anderen Server	115
5.4	Links zu E-Mail	117
5.5	Links zu anderen Internetdiensten	118
5.6	Links in ein neues Browserfenster	120
5.7	Zusammenfassung, Fragen und Übungen	123

6 Grafiken und Bilder — 127

- 6.1 Einbinden einer Grafik — 127
  - Lokale Grafiken — 128
  - Grafik von einem anderen Server — 130
  - Alternativtext — 131
  - Ausrichten der Grafik — 134
  - Beschriftung einer Grafik — 135
  - Rahmen für ein Bild — 137
  - Unsichtbarer Rand — 138
  - Grafiken skalieren — 140
- 6.2 Grafiken als Links — 142
  - Die Syntax — 143
  - Anwendungsbeispiele — 145
- 6.3 Imagemaps — 146
  - Was sind Imagemaps? — 147
  - Wie ist ein Imagemap aufgebaut? — 147
  - Die Zuordnung eines Bilds — 148
  - Die Definition des Hot-Spots — 148
  - Ein erstes Imagemap — 149
- 6.4 Allgemeines zum Grafikeinsatz — 151
  - Was sind JPG, PNG, GIF und BMP? — 151
  - Durchdachter Grafikeinsatz — 154
  - Die Sache mit der Auflösung — 155
  - Transparente Grafiken — 156
  - Interlaced Gif — 157
- 6.5 Zusammenfassung, Fragen und Übungen — 157

7 Tabellen 161

7.1	Eine Tabelle erstellen	161
7.2	Überschrift einer Tabelle	163
	Unterschrift einer Tabelle	165
	Die Größe einer Tabellenzelle	167
7.3	Der Tabellenrand	170
7.4	Verbinden von Zellen	174
7.5	Farben in der Tabelle	177
7.6	Tabellen als Layouthilfe	182
7.7	Zusammenfassung, Fragen und Übungen	185

8 Frames 189

8.1	Warum Frames?	189
8.2	Das Frameset	190
	Das Tag <frameset>	191
	Ein Frameset	191
	Der Rand eines Frames	192
8.3	Die Aufteilung der Frames	192
	Das Attribut cols	192
	Das Attribut rows	194
	Die Attribute rows & cols kombinieren	198
8.4	Füllen der Frames	199
8.5	Zuordnung der Frames	201
	Bezeichnen der Frames	202
	Auf Frames verweisen	203
8.6	Darstellung der Frames	205
	Scroll-Leisten	205
	Abstände vom Frame	207
	Größe des Frames festlegen	209
8.7	Es geht auch zweigleisig: <noframes>	210
8.8	Layoutgestaltung durch Frames	212
8.9	Zusammenfassung, Fragen und Übungen	214

9 Formulare   219

9.1	Die Syntax	219
	Das Attribut method	220
	Das Attribut action	221
9.2	Textfelder	222
	Die Beschriftung eines Feldes	223
	Die Größe der Eingabefelder	224
	Feldarten	226
9.3	Schaltflächen	228
	Zwei Tags für Schaltflächen	228
	Die Syntax des Tags <button>	229
	Den Button beschriften	230
	Grafische Buttons	231
	Die Syntax des Tags <input>	232
9.4	Checkbuttons & Radiobuttons	233
9.5	Mehrzeilige Textfelder	235
	Die Syntax mehrzeiliger Textfelder	235
	Die Größe des Feldes	235
9.6	Auswahllisten	237
	Die Syntax eines Listenfeldes	237
	Die einzelnen Einträge der Liste	237
	Möglichkeiten des Tags <select>	238
9.7	CGI	240
	CGI – Was ist das eigentlich?	241
	Grundlagen des HTTP	242
	CGI-Ressourcen	243
9.8	Zusammenfassung, Fragen und Übungen	244

10 Cascading Style Sheets — 249

10.1	Was ist ein Style Sheet?	249
10.2	Ein Style Sheet einbinden	250
	Internes Style Sheet	250
	Externes Style Sheet	251
	Einbindung in XML	251
10.3	Ein Style Sheet definieren	252
	Schriftarten	253
	Schriftgrößen	255
	Farben definieren	256
	Hintergrundgrafik definieren	257
	Hintergrundfarben definieren	258
	Mehrere Formate für ein Tag	259
	Mehrere Tags zuweisen	260
	Verschachtelte Tags	261
	Beispiel einer Anwendung	261
10.4	Texte positionieren	265
	Festlegen des Bezugspunktes	267
	Festlegen der horizontalen Position	267
	Festlegen der vertikalen Position	268
	Genaue Positionierung	268
10.5	Klassen bilden	272
10.6	Zusammenfassung, Fragen und Übungen	274

11 Weitere Tags — 279

11.1	Multimedia – Das Tag <object>	279
	Die Syntax von <object>	279
	Grafikeinbindung	280
	Videoeinbindung	284
	Einige Datei- & MIME-Typen	284
	Java-Applets einbinden	285
	ActiveX-Controls einbinden	286

11.2	Tags, die Sie nicht verwenden sollten	286
	Auslauftags	287
	Ausgeschiedene Tags	289
11.3	Zusammenfassung, Fragen und Übungen	291

12 Eigene Tags 295

12.1	XML-Grundlagen	295
	Ein XML-Dokument	296
	Ein wohlgeformtes Dokument	298
	Ein gültiges Dokument	299
12.2	XML eingesetzt	300
12.3	Eine eigene DTD	303
	Schreibweisen in der DTD	303
	Eine erste DTD	304
	Die Umsetzung – Elemente definieren	305
	Attribute	309
12.4	Der Einsatz in XHTML	311
	Was ist ein Namespace?	312
12.5	Ein Tag hinzufügen	313
	Einbinden der zweiten DTD	313
	Der Einsatz des Tags	314
12.6	Zusammenfassung, Fragen und Übungen	315

Lösungen 319

Glossar 329

Anhang 345

Unterschiede zwischen HTML & XHTML 345
Übersicht der XHTML-Tags 349
Farben 359
Liste der CSS-Schlüsselwörter 360
Dateien für Frames 367

Index 373

Vorwort

Mit der Popularität des Internets wuchs natürlich auch der Bedarf an Wissen über HTML und jetzt an XHTML. Nicht nur die Anzahl der Nutzer des Internets steigt ständig, im gleichen Maße steigt auch die Zahl der verfügbaren Web-Sites.

Auch an die Fähigkeiten von HTML wurden immer höhere Ansprüche gestellt. Mit den Seiten von vor fünf Jahren haben heutige Seiten recht wenig zu tun, sie sind grafisch meist aufgepeppt und sind nur noch vom Ursprungsprinzip des Aufbaus her gleich.

Insbesondere durch XHTML 1.0 wurden wieder neue Möglichkeiten eröffnet. Der eigentliche Befehlssatz zur Erstellung der Seiten wurde gegenüber HTML 4.01 jedoch nicht erweitert, es handelt sich um die gleichen Befehle. Allerdings können eigene Befehle definiert und eingesetzt werden.

Mit diesem Buch wende ich mich an den Einsteiger in die Materie. Da der Befehlssatz von XHTML 1.0 dem von HTML 4.01 entspricht, wende ich mich nicht an den Umsteiger von HTML, sondern an den, der neu in die Erstellung von XHTML-Dokumenten einsteigen möchte oder der mit Webdesign befasst ist, ohne die Befehle zu kennen.

Deshalb ist mein Ziel auch nicht, jeden XHTML-Befehl bis ins kleinste Detail in allen Varianten zu erläutern, sondern Ihnen das Erstellen von XHTML-Dokumenten unter der Spezifikation von XHTML 1.0 nahe zu bringen. Dabei werden Sie alle *wichtigen* Befehle und Optionen kennen lernen.

Ein paar Worte noch zu Java, PERL, VBScript etc.: Um XHTML programmieren zu können, benötigen Sie kein Wissen auf diesen Gebieten. Ein Kapitel zu diesen Themen würde Ihnen nicht einmal im Ansatz brauchbares Programmierwissen vermitteln. Aus diesen Gründen habe ich in diesem Buch völlig auf die genannten Themen verzichtet.

Für weiterführende Informationen betreibe ich eine Web-Site. Die Adresse lautet *www.kobert.de*. Dort können Sie auch Kontakt mit mir aufnehmen.

Nun wünsche ich Ihnen noch viel Spaß beim Erlernen von XHTML. Sie werden sehen, wir werden das Thema Stück für Stück gemeinsam erkunden und so wird es Ihnen schnell möglich sein, eigene XHTML-Seiten zu erstellen. Es ist wirklich ganz leicht.

Thomas Kobert

1 Grundlagen

XHTML 1.0

1 Grundlagen

Da XHTML die Sprache ist, mit der Web-Seiten erstellt werden, also die Inhalte des *World Wide Web* (WWW), möchte ich Ihnen an dieser Stelle etwas Grundwissen über das WWW vermitteln. Außerdem erfahren Sie hier etwas über weitere Dienste des Internet und über die Geschichte von HTML, dessen jüngste Version XHTML ist. Sind Sie damit bereits vertraut, können Sie auch sofort mit dem nächsten Kapitel fortfahren.

1.1 Was ist das WWW?

Das *World Wide Web*, kurz WWW oder Web, ist nur einer von vielen Internetdiensten. Es zeichnet sich durch besonders einfache Bedienbarkeit aus und der Boom des Internet ist in erster Linie auf das WWW zurückzuführen. Meist ist das WWW gemeint, wenn über das Internet geredet wird.

Im WWW liegen Daten nicht nur in Textform vor, sondern sie können auch mit Bildern und sogar Filmen und Sound unterlegt werden, die Daten sind also leicht verständlich aufbereitet. Zur Benutzung des WWW sind so gut wie keine Computerkenntnisse notwendig – ganz im Gegensatz zu so vielen anderen Methoden der *Onlinerecherche*.

Ursprünglich wurde das WWW als reine Informationsquelle für den wissenschaftlichen Bereich geschaffen. Heute kommen kommerzielle Produktwerbung, Onlinekataloge sowie Anwendungen hinzu, die nur dem Spaß dienen. So wuchs das WWW zu einem riesigen Unterhaltungs- und Bildungsprogramm.

Untereinander sind die einzelnen WWW-Seiten per *Links* (*Hyperlinks*) verbunden und werden einfach per Mausklick ausgeführt. Ein Link kann auf Informationen auf dem gleichen Rechner verweisen oder auf

Dokumente, die auf einem anderen Rechner irgendwo auf der Welt gespeichert sind.

Wenn Sie so auf Informationssuche sind, nennt man das *Browsen*. Das Programm, mit dem Sie das WWW nutzen, ist ein Web-Browser. Wenn Sie nur so zum Spaß browsen, heißt das in der WWW-Gemeinde *surfen*. Sie gleiten praktisch auf einer Informationswelle durch die Rechner dieser Welt – wie ein Surfer durch die Brandung.

URL – Die Adresse im WWW

Beim Reden mit bereits versierten Internetnutzern werden Sie häufiger den Begriff URL *(Uniform Resource Locator)* hören. Zum einen meinen sie damit ein bestimmtes Angebot, zum anderen ist das die Adresse eines *Servers* bzw. der genaue Punkt, wo Sie bestimmte Daten finden. Hinter einem Hyperlink auf einer WWW-Seite verbirgt sich immer ein Verweis auf eine URL. Diese kann auf demselben oder einem anderen Server liegen.

Sie haben auch die Möglichkeit, über Ihren Web-Browser direkt eine bestimmte URL anzuwählen. Von dort aus können Sie dann mithilfe der Hyperlinks, die meist themenbezogen sind, browsen oder eine neue URL direkt anwählen. URLs sind nicht nur die Adressen im WWW, sondern auch bei den anderen Internetdiensten. Eine typische URL im WWW ist folgendermaßen aufgebaut: *http://Server/Verzeichnis/Datei*. Wenn Sie die Datei nicht angeben, können drei Dinge passieren:

1. Ein Dokument ist zum automatischen Laden definiert, und Sie erhalten die Startseite des Angebots.
2. Sie erhalten eine *Verzeichnisstruktur* der URL und können daraus die gewünschten Dateien durch Doppelklick mit der Maus aufrufen.
3. Sie erhalten eine Fehlermeldung, dass kein Zugriff erlaubt ist.

Das einfachste Beispiel einer URL wäre etwa *http://www.kobert.de*. Obwohl weder ein zu ladender Dateiname noch das Verzeichnis, das die Datei enthält, angegeben ist, wird in diesem Fall die Startseite automatisch geladen.

Das HTTP-Protokoll

HTTP heißt *HyperText Transfer Protocol* und ist das Übertragungsprotokoll des WWW. Bei Angabe der URL muss das Protokoll immer in Kleinbuchstaben geschrieben werden; sollten Sie hier einen Fehler machen, korrigiert der Browser dies in der Regel allerdings selbsttätig.

HTTP ist ein schnelles Protokoll, da es wenige Daten für eine Anfrage benötigt. Es wird von Ihnen nur die URL an den gewünschten WWW-Server gesendet, und dieser schickt die gesuchten Daten dann zu Ihnen zurück. So werden nur die wirklich angeforderten Informationen übermittelt.

Als Erstes werden vom Server Daten über die Art des angeforderten Dokuments an Sie gesendet, und anschließend folgt das Dokument selbst. Ist die angegebene URL fehlerhaft, erhalten Sie eine entsprechende HTTP-Fehlermeldung.

HTML, XML und XHTML

HTML heißt *HyperText Markup Language* und ist die Programmiersprache, in der WWW-Seiten erstellt werden. HTML ist jedoch mehr eine Seitenbeschreibungs- bzw. Auszeichnungssprache als eine Programmiersprache und sehr leicht zu erlernen.

XML heißt *eXtensible Markup Language*. Da HTML voller Einschränkungen ist, wurde eine Programmiersprache benötigt, die unkompliziert zu erweitern, flexibel und dennoch einfach in der Handhabung ist: XML.

XHTML heißt *eXtensible HyperText Markup Language* und ist quasi eine Verbindung von HTML und XML: HTML wurde XML-konform definiert. XHTML dient wie HTML zum Erstellen von Web-Seiten.

1.2 Was ist E-Mail?

E-Mail ermöglicht es, weltweit gezielt Informationen auszutauschen. So können Sie mit Freunden, sofern Sie beide über einen Internetanschluss verfügen, per Internet kommunizieren oder auch Bestellungen oder Anfragen an Firmen senden. Im Prinzip schreiben Sie einen Brief, drucken ihn aber nicht aus, sondern schicken ihn auf elektronischem Wege an den Empfänger.

Sie können aber nicht nur Briefe in Textform verschicken, auch Bilder, Videos und Sound können in Ihre Briefe integriert werden. Außerdem können Sie beliebige Dateien mit Ihrer E-Mail zusammen verschicken.

Dies ist in der Regel günstiger als mit der herkömmlichen Post und vor allem auch wesentlich schneller. Außerdem lassen sich erhaltene E-Mails im Computer direkt weiterverarbeiten, z.B. durch automatische Bestellbearbeitung.

Der Aufbau einer E-Mail

Prinzipiell besteht eine E-Mail aus zwei Teilen: dem *Body*, sprich dem Brief, den Sie schicken, und dem *Header*, der quasi der Umschlag ist. Der Header enthält Kontrollinformationen wie die Absenderadresse, die Empfängeradresse und Informationen über eine eventuelle *Verschlüsselung*.

Wie sieht die Adresse aus?

Eine *E-Mail-Adresse* ist immer in einer bestimmten Syntax aufgebaut – eine Tatsache, die unbedingt notwendig ist, denn sie muss schließlich von Computern automatisch erkannt und verarbeitet werden, damit sie zum richtigen Empfänger kommt.

Die Adresse setzt sich zusammen aus der Benutzerkennung und dem Namen des Servers. Beide Teile sind durch @ (gesprochen engl. *at*) verbunden. Eine typische E-Mail-Adresse könnte also sein: *info@kobert.de*. Es gibt aber auch viele Adressen, bei denen die Benutzerkennung aus Zahlen besteht: *12129987@online.org*.

Beim Versandweg über das Internet wird zunächst nur der zweite Teil der Adresse benötigt – aufgrund dieses Teils wird die Mail dem Server zugeordnet. Der Server ermittelt dann anhand des ersten Teils der

Adresse den Nutzer, und so kann die Mail korrekt zugestellt werden. Sollte eine Mail den Adressaten einmal nicht erreichen, bekommen Sie diese mit einer Fehlermeldung zurück – wie auch bei einem herkömmlichen Brief.

Allerdings sollte Ihnen immer klar sein, dass Sie keinen verschlossenen Brief schreiben, sondern eine Postkarte, die theoretisch jeder lesen kann. Aber es bleibt ja immer noch die Möglichkeit der Verschlüsselung.

1.3 News & IRC

News ist die Kurzform von *Netnews*, die auch *Usenet-News* genannt werden. Netnews ist ein Dienst, der den Meinungs- und Informationsaustausch zwischen den Teilnehmern ermöglicht.

Netnews bestehen aus den so genannten *Newsgroups*, auch *Discussiongroups* genannt. Eine Newsgroup können Sie sich als ein riesiges schwarzes Brett vorstellen. Jede Newsgroup hat dabei ein bestimmtes Thema, sodass die Netnews einem Raum vergleichbar sind, in dem viele schwarze Bretter zu vielen Themen stehen. Möchten Sie nun über ein bestimmtes Thema diskutieren oder Informationen dazu einholen, gehen Sie in diesen Raum und lesen die Zettel am Brett oder hängen einen dazu. Nur ist bei den Netnews alles einfacher: Sie brauchen nicht aufzustehen und in den Raum zu gehen, sondern Sie schalten nur Ihren Computer ein, der dann den Raum zu Ihnen holt.

Bei Netnews kann jeder Teilnehmer Mitteilungen, so genannte Artikel, oder auch Kommentare zu bereits bestehenden Artikeln *posten*, wie man das Senden eines Artikels nennt. Darauf können andere Teilnehmer antworten, und so ergibt sich oft ein reger Meinungs-, Erfahrungs- und Wissensaustausch.

An den daraus entstehenden Diskussionen kann sich jeder beteiligen, er braucht nur einen Computer mit Modem und einen Internetzugang.

Damit das Ganze nicht zu unübersichtlich wird, ist es nach einem System unterteilt.

Auf den *Newsservern*, das sind die Rechner im Netz, die Ihnen die Newsgroups bereitstellen, sind die Artikel in den Newsgroups strukturiert abgelegt.

Wenn Sie zum Beispiel etwas über Windows 95 wissen möchten, schauen Sie unter *comp.os.win* nach, Hauptgebiet Computer (*comp*), spezifiziert Betriebssystem (*os*), genauer Windows (*win*).

Newsgroups gibt es zu fast allen Themen, die Menschen irgendwie berühren oder interessieren. Niemand weiß genau, wie viele es sind, täglich kommen neue hinzu. Bei den meisten Gruppen wird der gesendete Artikel automatisch veröffentlicht; es gibt aber auch so genannte moderierte Gruppen, in denen die Artikel erst gelesen werden, damit z.B. Beleidigungen unterbleiben oder nicht vom Thema abgewichen wird.

Nicht jede Newsgroup ist auf jedem Server zu finden, gleiche Newsgroups auf verschiedenen Servern haben aber den gleichen Inhalt, da diese über das Internet zwischen den Servern abgeglichen werden.

Das Usenet

Oft wird der Begriff des *Usenet* falsch verstanden. Das Usenet ist kein eigenständiges Netzwerk, sondern ein Diskussionssystem, mit dessen Hilfe die Nachrichten zwischen den Anwendern ausgetauscht werden. Ende der siebziger Jahre entwickelte sich das Usenet unabhängig vom Internet. Wie so vieles im Internet entstand auch das Usenet ursprünglich zum Austausch und zur Verbreitung von wissenschaftlichen Informationen.

Das NNTP-Protokoll

Die meisten Newsserver tauschen ihre Artikel mithilfe des *NNTP-Protokolls* untereinander aus, deshalb werden sie manchmal auch *NNTP-*

Server genannt. Ein geposteter Artikel verbreitet sich so in ca. zwei Tagen über die ganze Welt.

Und was ist IRC?

Mit IRC können Sie mit anderen Teilnehmern zum Plaudern in Kontakt treten. Stellen Sie sich das IRC als ein Haus mit vielen Räumen vor. In jedem Raum stehen Menschen, die sich unterhalten, und in jedem Raum wird über ein bestimmtes Thema geredet. Die Räume im IRC werden *Channel*s genannt. IRC ist die Abkürzung für *Internet Relay Chat*.

Die Sprache der meisten Channels ist Englisch, inzwischen gibt es jedoch auch eine Vielzahl an deutschen Newsgroups. Der Vorteil von IRC gegenüber anderen Diensten wie E-Mail oder Netnews ist der, dass Sie Ihre Diskussionen oder Plaudereien in Echtzeit führen.

Das Plaudern wird *Chatten* genannt. Das Chatten dient dem Spaß und Zeitvertreib, und der Umgangston im IRC ist recht locker, sodass in den meisten Channels als Anrede das Du üblich ist. Es gibt aber auch ernsthafte Channels, z.B. wissenschaftliche Diskussionsrunden.

Im IRC sind Ihre Mitteilungen grundsätzlich von allen Teilnehmern des Channels lesbar; Sie können jedoch auch Mitteilungen an bestimmte Teilnehmer schreiben, die nur von diesen gelesen werden können.

1.4 Immer schön höflich – die Netiquette

Die *Netiquette* ist der gute Ton bei den Netnews. Im Prinzip sagt sie aus, dass Sie sich nicht anders verhalten sollen als im täglichen Leben. Wenn Sie die Netnews nutzen, finden Sie in den Einsteigernewsgroups Ihres Providers die komplette Netiquette. Die zwei wichtigsten Punkte:

▶ Vermeiden Sie *Flames*, das sind beleidigende Artikel, meist als Reaktion auf den Fehler eines anderen. Es führt zu nichts, und manche schöne Diskussionsrunde wurde dadurch schon zerstört.

▶ Nie Werbung in einer Newsgroup! Es gibt allerdings inzwischen Gruppen zum Thema »Kaufe und verkaufe«, die aber auch nur für Privatpersonen gedacht sind. Probieren Sie besser nicht aus, was passiert, wenn Sie Werbung per News machen. Mindestens Hunderte von Flames füllen Ihre E-Mail, und im schlimmsten Fall sperrt Ihr Provider Ihnen den Newszugang.

Auch im IRC gelten diese Regeln, insbesondere ist hier noch zu beachten, dass der Ton höflich sein sollte, damit Sie niemandem »auf den Wecker gehen«. Wenn jemand sich nicht mit Ihnen unterhalten will, dann sollten Sie das akzeptieren, sonst kann es sein, dass Sie ganz schnell aus dem Chat raus sind.

1.5 Was ist das Internet?

Jetzt haben sie ein wenig über das WWW, E-Mail, IRC und News gehört, aber noch nichts über das Internet, das ja in aller Munde ist. Dies alles ist das Internet, und noch viel mehr. Das Internet ist ein riesiges Computernetzwerk, dessen Computer auf der ganzen Welt verteilt sind. In einem Netzwerk ist der Datenaustausch zwischen den Rechnern durch ein Protokoll geregelt. Im Internet heißt dieses Protokoll *TCP/IP*.

Weitere Internetdienste

Innerhalb dieses Netzwerks gibt es Dienste für die unterschiedlichsten Aufgaben. Im Anschluss möchte ich Ihnen ganz kurz noch einige vorstellen:

FTP

FTP ist die Abkürzung für *File Transfer Protocol*. Mit FTP haben Sie eine Möglichkeit, Daten, z.B. Programme oder Bilder, von so genannten FTP-Servern zu laden. Das Laden von Dateien auf Ihren Rechner wird *Download* genannt. Freaks bezeichnen diesen Vorgang auch als *Ziehen* oder *Saugen*.

Es gibt sehr viele FTP-Server, die Unmengen an Dateien zum Download bereitstellen und für jedermann zugänglich sind. Diese öffentlichen Server sind häufig überlastet, deshalb haben sie oft eine Zugangsbeschränkung und sind dann vorübergehend nicht erreichbar. Versuchen Sie es in so einem Fall zu einem anderen Zeitpunkt noch einmal.

Eine weitere Möglichkeit besteht darin, auf einen *Mirror* auszuweichen. Ein Mirror ist ein FTP-Server, auf dem der Inhalt eines anderen gespiegelt ist – daher Mirror, zu Deutsch Spiegel. Aus Geschwindigkeitsgründen ist es immer interessant, FTP möglichst mit einem nahen Server zu nutzen, da hier die Daten nicht um die halbe Welt wandern müssen und das Netz nicht unnötig belastet wird. Viele FTP-Server von deutschen Universitäten enthalten Mirrors von amerikanischen Servern.

Telnet

Telnet ist ein Dienst, der es Ihnen erlaubt, auf einem anderen Rechner, hier mit dem angewählten Server, so zu arbeiten, als wäre Ihr Rechner ein *Terminal*. Mit Telnet können Sie z.B. Dateien downloaden, *Bulletin Boards* (schwarze Bretter) nutzen oder auch nur auf diesem Rechner arbeiten. So können Sie z.B. per Telnet Ihren eigenen WWW-Server pflegen. Eine weitere klassische Anwendung für Telnet sind einige Bibliotheksdatenbanken von Universitäten.

WAIS

WAIS ist ein Informationsdienst, bei dem Informationsdatenbanken zu verschiedenen Themen abgefragt werden können. Die Informationen liegen in Textform vor. Meist sind diese Datenbanken so groß, dass sie über mehrere Rechner verteilt sind. WAIS ist die Abkürzung für *Wide Area Information Systems*.

Gopher

Da das Internet nicht zentral verwaltet wird, entwickeln sich die Dienste auch nicht nach einer Vorgabe. So entstanden *Gopher* und das WWW nebeneinander, beide mit dem gleichen Ziel. Da das WWW leistungsfähiger ist, setzte es sich durch. Zur Zeit gibt es noch einige Gopherserver, neue kommen jedoch keine mehr hinzu.

Archie

Mithilfe von *Archie* erfahren Sie, wo Sie eine bestimmte Datei im Internet finden. Sie suchen nach der Datei, und Archie meldet Ihnen, auf welchem FTP-Server sie liegt. Einen Archie-Server in Deutschland finden Sie z.B. an der Technischen Hochschule Darmstadt.

LDAP

Ein neueres Protokoll im Internet ist LDAP (*Lightweight Directory Service*). Damit lassen sich Informationen z.B. über einen Internetbenutzer herausfinden. Allgemein wird LDAP als Verzeichnisdienst benannt, der von einem oder mehreren LDAP-Servern bereitgestellt wird. Mit einem Web-Browser können Sie die verschiedenen Verzeichnisse als Informationsquelle nutzen. Einige Adressen sind: *Four11* (*ldap.four11.com*), *InfoSpace* (*ldap.infospace.com*), *WhoWhere* (*ldap.whowhere.com*) und *Bigfoot* (*ldap.bigfoot.com*).

1.6 Geschichtliches

Nachdem das Internet zunächst nur Dienste anbot, die für Experten gedacht und damit auch nicht sonderlich komfortabel waren, wurden gegen Ende der achtziger Jahre zwei einfacher zu bedienende Dienste entwickelt: Gopher und das World Wide Web.

Mit diesen beiden wurden im Internet erstmals Dienste eingeführt, die nicht befehlszeilenorientiert, sondern mithilfe einer Benutzeroberfläche arbeitete. Ziel war es, dass die Wissenschaftler nicht mehr zuerst eine komplizierte Nutzung des Computers lernen mussten, um auf Datensuche zu gehen, sondern dass sie sich voll auf das für sie Wichtige konzentrieren konnten.

Schnell zeigte sich, dass gegenüber Gopher das World Wide Web, das am *CERN*, dem *europäischen Kernforschungszentrum* in Genf, entwikkelt wurde, das Rennen machen würde. Die Programmiersprache, mit deren Hilfe WWW-Anwendungen erstellt wurden und größtenteils noch werden, ist HTML, die *HyperText Markup Language*, und jetzt eben auch XHTML.

Einen sprunghaften, fast schon explosionsartigen Anstieg der WWW-Nutzer gab es 1993, und seitdem erhöht sich die Anzahl der Nutzer permanent; die *Bandbreiten* für die Übertragungswege können gar nicht in dem Maße ausgebaut werden, wie die Userzahl wächst. Auslöser dieses Booms war vermutlich der erste Web-Browser mit einer vollgrafischen Benutzeroberfläche: *NSCA Mosaic*. Das Erscheinen des zur Freude aller auch noch kostenlosen Browsers machte das Navigieren durch das Internet zum wahren Kinderspiel. Der Programmierer war ein Student Namens Marc Andreessen, später der Gründer von Netscape, der Firma, die einen der erfolgreichsten Web-Browser, den *Netscape Navigator*, herstellt und vertreibt.

1.7 Von HTML zu XHTML

Bereits seit einiger Zeit ist der Standard XML 1.0 offiziell verabschiedet und von Seiten professioneller HTML-Entwickler erfreut angenommen. Seit Januar 2000 existiert die Adaption von HTML 4.01 in XML: XHTML. Damit werden die Vorteile von XML sozusagen in HTML implementiert.

Zunächst beteiligten sich viele namhafte Hersteller an der Entwicklung von XML: Novell, Microsoft, IBM und Hewlett-Packard waren neben Sun die ersten großen Unterstützer, die XML als Standardsprache für professionelle *Webapplikationen* etablieren wollten. Lediglich Netscape, zu diesem Zeitpunkt allerdings Marktführer bei WWW-Browsern, blockte völlig ab.

Im Frühjahr 1997, während der heißen Entwicklungsphase des *Nets-*

cape Communicator 4, entschied sich Netscape völlig unerwartet, nun doch auf den Zug aufzuspringen. Das war wohl der Punkt, an dem klar wurde, dass die Zukunft des WWW von XML geprägt sein würde.

XML ist ein drastisches Rückbesinnen auf den Ursprung: auf *SGML*. Die Möglichkeiten von XML sind nahezu unbegrenzt – wenn man XML mit HTML vergleicht. Gerade dies war auch der Grund, XML ins Leben zu rufen, denn nicht die langsamen Übertragungszeiten sind nach Einschätzung vieler Webprofis das Hauptproblem des WWW, sondern die beschränkten Möglichkeiten von HTML.

Sicher wird XML bald auch ein wichtiger Bestandteil der Webprogrammierung sein, die Browser werden aber problemlos auch weiterhin *HTML-Quelltext* interpretieren. Außerdem ist HTML durch XHTML schließlich XML-kompatibel geworden, da jedes XHTML-Dokument auch immer ein XML-Dokument ist.

1.8 Wer entwickelt XHTML?

Inzwischen hat sich nicht nur das WWW extrem ausgebreitet, auch die dazugehörige Sprache, HTML, wurde in ihrem Leistungsumfang stark vergrößert und weiterentwickelt, bis hin zu XHTML. In der Vergangenheit zeichnete es sich ab, dass HTML den Anforderungen professioneller Web-Seiten nicht mehr gerecht werden würde.

Neben Erweiterungen für HTML wurde deshalb mit der Entwicklung von XML begonnen. Als Basis dienten die gemachten Erfahrungen mit SGML. Ziel war dabei, dass die neue Sprache weitgehend kompatibel zu den bestehenden Anwendungen sein sollte. Heraus kam XML, das im Prinzip ein abgespecktes SGML ist. SGML erhielt dazu zunächst einige Erweiterungen. Diese Erweiterungen sowie die wichtigsten SGML-Befehle wurden dann im Prinzip zu XML zusammengefasst. Durch diesen Schritt, SGML zu erweitern, ist auch in Zukunft sichergestellt, dass XML-Dokumente auch zu SGML kompatibel sind. In der Folge war es nur konsequent, dass auch HTML auf XML adaptiert wurde.

Dies und auch die starke Kommerzialisierung des Internets haben dazu geführt, dass längst nicht mehr das CERN die Koordinierungszentrale des WWW ist. Auch die Koordinierung der Standardisierung und Weiterentwicklung von XHTML wird nicht mehr vom CERN gesteuert. Diese Aufgaben werden jetzt vom *W3-Consortium* (*http:// www.w3c.org*) wahrgenommen, das nur zu diesem Zweck entstanden ist.

Im W3-Consortium, das kurz mit *W3C* bezeichnet wird, sind sowohl Vertreter aus Forschung und Lehre als auch Vertreter der namhaften Software- und Hardwarehersteller vertreten. So übt der kommerzielle Bereich inzwischen massiven Einfluss auf das ehemals unkommerzielle Internet aus.

Hier werden die Normen festgelegt und die Entwicklung neuer Standards koordiniert. So befasst sich das *W3C* nicht nur mit XHTML, auch VRML, Java und XML – um nur einige Beispiele zu nennen – werden hier in der Entwicklung koordiniert. Hier wird daran gearbeitet, die verschiedenen Ansätze für neue XHTML-Tags unter einen Hut zu bringen und die Firmen dazu zu bewegen, sich an die vereinbarten Standards zu halten. Der aktuelle Spross dieser Bemühungen ist XHTML 1.0.

1.9 Zusammenfassung, Fragen und Übungen

Zusammenfassung

▶ Sie wissen, was das World Wide Web ist.

▶ Sie wissen, was hinter dem Internetdienst E-Mail steckt.

▶ Netnews und Chat sind Ihnen keine Fremdworte mehr.

▶ Die Entwicklung von XHTML wird vom W3C koordiniert.

▶ XHTML ist HTML auf XML portiert.

Fragen und Übungen

1. Welches Protokoll regelt den Datentransfer im World Wide Web?
2. Welches Protokoll ist für die Netnews zuständig?
3. Was ist das W3-Consortium (W3C)?
4. Was ist das Usenet?
5. Was ist Mosaic?
6. Welche Organisation hat früher die Entwicklung von HTML koordiniert, und welche tut es jetzt?

2 XHTML-Grundlagen

XHTML 1.0

2 XHTML-Grundlagen

Dieses Kapitel bringt Ihnen die Hintergründe und Wissenswertes rund um XHTML nahe. Ebenso erfahren Sie, was Sie mit den erstellten Dateien machen müssen, um sie im Internet zu platzieren, und wie Sie *XHTML-Dokumente* überhaupt erstellen.

2.1 Was ist XHTML?

Die *eXtensible HyperText Markup Language*, was XHTML ausgeschrieben heißt, ist kurz gesagt die Programmiersprache des World Wide Web. Ganz präzise ist das allerdings nicht. Eigentlich ist XHTML eine Auszeichnungssprache, die definiert, wie das Erscheinungsbild eines Textdokuments aussieht. XHTML ist eine Adaption von HTML 4 auf XML.

Der Text, den ein XHTML-Dokument enthält, wird *Quelltext* genannt. Dies ist das Gleiche, was bei anderen Programmiersprachen *Listing* genannt wird.

Im Gegensatz zu Textdokumenten eines bestimmten Textverarbeitungsprogramms wird der Text in allgemein gültigem *ASCII-Format* gespeichert, das auf nahezu allen bekannten Betriebssystemen standardisiert ist. Dadurch haben wir einen Quelltext, der neben dem Text noch die Formatierungshinweise enthält und der zudem noch auf allen Computern, gleich mit welchem Betriebssystem sie arbeiten, verwendet werden kann. Das Einzige, was dazu benötigt wird, ist ein Programm, das dieses Dokument interpretiert: Der Web-Browser.

Egal, ob für PC-basierende Windows oder OS/2-Systeme, Atari, Amiga, Apple Macintosh oder UNIX-Rechner, auf der Grundlage unterschiedlichster Hardware gibt es für alle Web-Browser. Und da in allen Betriebssystemen der *ASCII-Zeichensatz* bekannt ist, lassen sich auch auf all diesen Plattformen XHTML-Dokumente erstellen.

Ein XHTML-Dokument enthält also zwei Arten von Informationen:

▶ Den Inhalt, der aus Text oder Verweisen auf zu ladende Dateien, z.B. Grafiken, besteht.

▶ Die Formatierungshinweise und sonstige Markierungen, wie Verknüpfungen zu anderen Dokumenten, die Tags genannt werden und sozusagen die Programmierbefehle sind.

Der Inhaltstext wird vom Web-Browser unter Beachtung der Tags, das sind die *XHTML-Befehle*, dargestellt, d.h. der Browser interpretiert die Tags, damit die Darstellung des Inhalts in gewünschter Form erfolgt.

2.2 Was benötige ich zum Programmieren in XHTML?

Sie benötigen nicht viel: Ein einfacher Texteditor reicht schon aus. Wenn Ihr gewohntes Textverarbeitungsprogramm die Möglichkeit hat, den Text im ASCII-Format zu speichern, dann können Sie diese auch verwenden.

Natürlich brauchen Sie auch noch ein Programm zum Betrachten des Ergebnisses: einen Web-Browser. Hier gibt es eine ganze Reihe auf dem Markt, die zwei verbreitetsten sind der Internet Explorer von Microsoft (*http://www.microsoft.com*) und der Navigator oder das Komplettpaket Communicator von Netscape (*http://www.netscape.com*). Anstatt eines Web-Browsers können Sie auch ein Textverarbeitungsprogramm nehmen, das XHTML-Dokumente interpretieren und darstellen kann, wie z.B. Microsoft Word.

Wenn Sie in Ihre XHTML-Dokumente Grafiken einbinden möchten, sollten Sie sich auch noch ein Grafikprogramm zulegen. Selbst wenn Sie nur fertige Grafiken oder Bilder verwenden möchten, können Sie mit einem Grafikprogramm die Farben oder die Auflösung wenn möglich reduzieren, umso Ihr Dokument schneller zu machen. Tipps zum Umgang mit Grafiken erhalten Sie auch in Kapitel 6.

Was muss ich beachten, wenn ich keinen ASCII-Editor verwende?

HINWEIS Die Erfahrung mit meinem HTML-4-Buch hat gezeigt, dass es bei der Verwendung von Textverarbeitungsprogrammen immer wieder zu Problemen kommt. Deshalb dazu ein paar Worte.

Textverarbeitung

Wenn Sie ein Textverarbeitungsprogramm, wie z.B. Word verwenden, dann müssen Sie das Ergebnis im Textmodus speichern und erst danach mit der Endung HTML versehen.

Speichern Sie das Dokument nicht als XHTML- bzw. HTML-Datei ab, da es sonst passieren kann, dass Ihr gesamter Quelltext als Inhalt betrachtet wird. Manche Textverarbeitungsprogramme erkennen die Endungen HTM und HTML und setzen dann zum eingegebenen Text Tags hinzu, um daraus ein XHTML- bzw. HTML-Dokument zu machen.

Die Folge ist dann, dass Sie im Browser lediglich den Quelltext sehen, den Sie eingegeben haben.

HTML-WYSIWYG-Editor

FrontPage von Microsoft ist z.B. ein WYSIWIG-Editor. Der Sinn eines solchen Editors ist es, dass Sie sich gar nicht mehr um Tags zu kümmern brauchen, aufgrund Ihrer Formatierungen setzt der Editor die Tags selber.

Bedingt durch diese Arbeitsweise ist ein solcher Editor nicht für unsere Beispiele im Buch geeignet. Außerdem setzen diese Editoren HTML-Tags und kreieren meist keine XHTML-Dokumente, sondern HTML-Dokumente.

2.3 Wie kommt die Seite ins WWW?

Damit Ihre XHTML-Dokumente dann nicht nur auf Ihrem Computer existieren, sondern auch andere Ihre Meisterwerke bewundern können, müssen diese auf einem so genannten *Web-Server* abgespeichert werden.

Web-Provider

Dazu brauchen Sie einen eigenen Internetzugang und einen Anbieter von *Web-Space*, d.h. der Ihnen Speicherplatz auf einem Web-Server zur Verfügung stellt.

Sehr viele *Provider* bieten an, in der Regel jedoch nur für den nichtkommerziellen Bereich, private Homepages zu veröffentlichen. Dies ist die günstigste Möglichkeit, da sie nicht mit weiteren Kosten verbunden ist.

Haben Sie diese Gelegenheit nicht, dann müssen Sie sich einen entsprechenden Provider suchen, der Ihnen Web-Space zur Verfügung stellt. Holen Sie sich dazu verschiedene Angebote ein, das Preis-Leistungs-Verhältnis schwankt extrem. Vorsicht, der Anbieter mit dem niedrigsten Preis ist nicht immer der günstigste, da es sein kann, dass »Low-Cost«-Anbieter nur eine sehr schlechte Anbindung haben, sodass interessierte Benutzer durch Wartezeiten oder langsame Übertragungen abgeschreckt werden.

Von Ihrem Provider erfahren Sie dann, wie Sie Ihre Dokumente auf den Server bekommen.

Kostenloser Web-Space

Gerade für private Web-Sites genügen oftmals die Anbieter von kostenlosem Web-Space. Diese Anbieter finanzieren sich zumeist durch Werbung, es wird also ein weiteres Werbefenster geöffnet, wenn Ihre Web-Site aufgerufen wird, oder die Seite direkt enthält die Werbung.

Zumindest um überhaupt mal im Netz zu sein reicht das aus, Sie können sich danach immer noch nach dem geeigneten Anbieter umsehen. Gewerbliche Seiten sind meist jedoch nicht zugelassen. Nachfolgend finden Sie einige Adressen, wo Ihnen kostenfreier Web-Space angeboten wird.

Anbieter	Webadresse
Angelfire	www.angelfire.com
Nettaxi	www.nettaxi.com
Hypermart	
Xoom	www.xoom.com
Geocities	
Fortunecity	www.fortunecity.com
Tripod	www.tripod.com
	www.tripod.de

Tab. 2.1: Anbieter für kostenlosen Web-Space

2.4 Systemvoraussetzungen

Software

Was Sie an Software benötigen, hängt auch davon ab, ob Sie Grafiken bearbeiten möchten, und ob Sie die Ergebnisse betrachten möchten. Beim Lernen wird dies sicher der Fall sein.

Der Browser

Um Ihre Quelltexte auch im Ergebnis zu sehen, benötigen Sie auf jeden Fall einen Browser. Es bietet sich an möglichst die neueste Generation zu verwenden. Prinzipiell funktioniert jeder Browser, da ein Browser alle Tags, die er nicht interpretieren kann, ignoriert. Dadurch wird dann z.B. die XML-Deklaration einfach nicht beachtet.

Allerdings kann es vereinzelt dennoch zu Fehlern in der Darstellung kommen, wenn z.B. ein Zeilenumbruch ignoriert wird. Es wird jedoch nicht vorkommen, dass eine Seite gar nicht geladen wird. Problemlos funktioniert der Internet Explorer ab der Version 5.01, der auch in der Lage ist, beliebige XML-Dokumente anzuzeigen.

Der Editor

Um Ihren Quelltext zu erstellen, benötigen Sie einen ASCII-Editor. Der Editor von Windows (zu finden in der Programmgruppe *Zubehör*) ist dafür hervorragend geeignet.

Hardware

Welche Anforderung an die Hardware gestellt werden, hängt davon ab, wie Sie XHTML-Dokumente auf dem Computer erstellen möchten.

Minimalvoraussetzung

Die Anforderungen an die Hardware sind äußerst gering. Wenn Sie lediglich die Quelltexte erstellen, keine Grafiken bearbeiten und das Ergebnis nicht betrachten möchten, dann reicht Ihnen jedes »Uraltsystem«, auf dem ein ASCII-Editor lauffähig ist.

Es genügt also z.B. ein XT, AT oder 386er genauso wie ein Atari ST oder ein Amiga 500 in der Mindestkonfiguration, sogar ohne Festplatte und Monochrome-Monitor.

Normalvoraussetzung

Um XHTML zu programmieren, die eine oder andere Grafik zu bearbeiten und auch das Ergebnis betrachten zu können, benötigen Sie schon etwas mehr. Es sollte dann mindestens ein Pentium mit 16 MB Arbeitsspeicher und 500 MB Festplatte sein. Mehr ist jedoch besser.

Um diese Aufgaben vernünftig bewerkstelligen zu können benötigen Sie einen Pentium II 233 mit 32 MB Arbeitsspeicher und einem Gigabyte Festplatte. Auch das sind inzwischen schon lange Auslaufmodelle. Sie sehen, die Anforderungen sind äußerst gering, wenn Sie XHTML lernen möchten.

> **HINWEIS** Zu den Hardwareanforderungen ist prinzipiell zu sagen: Je mehr und schneller, desto besser. Besonders Grafiken können große Kapazitäten der Festplatte beanspruchen, dazu kommen noch das Betriebssystem und die erforderliche Software; kaufen Sie die Festplatte lieber eine Nummer größer. Auch der Arbeitsspeicher kann ruhig reichlich bemessen sein. 128 MB und es kommt Freude auf, was die Geschwindigkeit angeht.

2.5 Was sind Auszeichnungssprachen?

Befassen wir uns zunächst kurz mit dem Begriff »Auszeichnungssprache«; Sie werden ihn immer wieder im Zusammenhang mit XHTML und Webprogrammierung hören.

SGML

SGML ist die Abkürzung von *Standard Generalized Markup Language*. SGML wurde bereits 1986 als Standard ISO 8879 von der *International Standardization Organisation*, kurz ISO, veröffentlicht.

Der Vorgänger GML (*General Markup Language*) wurde von Charles Goldfarb schon viel früher entwickelt.

Ziel von SGML war es, betriebssystemübergreifend Dokumente verbreiten zu können. Dabei trennte SGML die Inhaltsstruktur vom Layout.

So geht der Schwerpunkt von der reinen Layoutformatierung hin zur strukturorientierten Auszeichnung.

Mit SGML selbst erstellen Sie dabei nicht die Dokumente, sondern SGML dient zur Definition von Auszeichnungssprachen zur Erstellung von Dokumenten. Die wohl bekannteste Auszeichnungssprache, die auf SGML basiert, ist HTML.

SGML wird auch als *Metasprache* bezeichnet. Metasprachen ermöglichen das Definieren unterschiedlicher Auszeichnungssprachen für verschiedene Einsatzzwecke.

Der Vorteil dabei ist, dass alle Auszeichnungssprachen, die durch eine Metasprache definiert wurden, die gleiche Dokumentenstruktur haben. Sie sind leicht zu erlernen und nicht auf ein bestimmtes Betriebssystem festgelegt.

Obwohl SGML immer ein Schattendasein in der Computerwelt führte, hat es revolutionäre Veränderungen in der Welt der EDV und sogar in den modernen Industriegesellschaften ausgelöst. SGML ermöglichte erst *Hypertexte* auf der Basis von HTML. Ohne HTML hätte sich das WWW nicht so entwickeln können, das ganze Internet wäre wohl immer noch ein Informationsnetz für ein paar Wissenschaftler. Viele Computer wären erst gar nicht in den Familien gelandet. Wer hätte das 1969 gedacht?

XML

XML ist genauso wie SGML eine Metasprache. Im Gegensatz zur landläufigen Meinung ist XML also etwas anderes als HTML. HTML ist eine Auszeichnungssprache, also eine Seitenbeschreibungssprache. Mit XML sind Sie wesentlich flexibler, Sie können Texte nicht nur auszeichnen, also formatieren, sondern Sie können diese auch dem Inhalt nach strukturieren.

Außerdem besteht die Möglichkeit, dass Tags für bestimmte Formatierungen oder Strukturierungen definiert werden. Ein Programm, das

XML-Dokumente verarbeiten soll, muss diese Definition immer vor dem Dokument einlesen. Danach versteht es dann die Tags.

Der Vorteil solcher Dokumente ist der, dass die Dokumente alle den gleichen Aufbau haben und so auf verschiedenen Systemen lesbar sind. Dies ist auch schon bei HTML-Dokumenten der Fall, die auf verschiedenen Computersystemen immer gleich dargestellt werden (sollen).

Die meisten XML-Programmierer werden sich darauf beschränken, XML-Dokumente zu erstellen und nicht die Definitionen der Tags zu entwerfen. Dieser gesamte erste Teil des Buchs beschäftigt sich deshalb auch nur mit diesem Teil von XML. In Kapitel 12 des Buches erfahren Sie dann mehr zu den Definitionen, den *Document Type Declarations* (DTD), zu Deutsch Dokumententyp-Deklaration.

XML bietet sich auch zur Erstellung von Auszeichnungssprachen für wissenschaftliche Anwendungen an, hier gibt es z.B. die *Chemical Markup Language* (CML), mit deren Hilfe sich chemische Reaktionen beschreiben lassen, oder die *Math Markup Language* (MathML), die mathematische Formeln darstellen kann.

Auch als Ergänzung für HTML gibt es Anwendungen, wie SMIL (*Synchronized Multimedia Integration Language*), die die Integration von Multimediainhalten zum Ziel hat, oder die *Web Interface Definition Language* (WIDL), eine Sprache zur Erstellung dynamischer Web-Seiten.

XML ist nicht nur für das WWW zu gebrauchen, sondern es eignet sich auch als allgemeines integratives Datenformat. Wir können sicher davon ausgehen, dass XML nicht nur im Web seine Spuren hinterlassen, sondern sich auch bei Officeanwendungen als Datenformat etablieren wird.

Dabei wird wohl weiterhin jedes Officepaket bzw. die einzelnen Anwendungen seine/ihre eigenen Datenformate haben, aber als Format zum Datenaustausch könnte sich XML durchsetzen. Das bleibt jedoch noch abzuwarten.

HTML & XHTML

Schon seit längerem wurde es immer klarer, dass HTML den wachsenden Anforderungen der Webdesigner immer weniger gerecht wurde. Zunächst wurde XML als Nachfolger für das in die Jahre gekommene SGML definiert.

Nur logisch war dann auch, dass auch HTML von SGML auf XML portiert wurde, das Ergebnis war dann die *eXtensible **HyperT**ext **M**arkup **L**anguage* (XHTML).

Dabei wurde HTML 4.01 sozusagen XML-konform gemacht. Es gibt in XHTML keine neuen Befehle (Tags), sondern der Befehlsumfang von HTML 4.01 wurde einfach übernommen. Das besondere ist, dass nun auch eigene Tags kreiert werden können.

Doch Vorsicht, diese Erweiterbarkeit zielt nicht auf den bunten sich drehenden Text, der dabei auch noch blinkt, sondern es lassen sich nur Tags für semantische Auszeichnungen (wird weiter hinten in diesem Kapitel erklärt) erweitern.

Dies ist eigentlich auch logisch, da die Formatierungen von HTML/XHTML durch den Browser erfolgen und nicht durch die Auszeichnungssprache: Woher soll der Browser die neuen Tags kennen?

Insbesondere für den professionellen Einsatz bieten neue Tags jedoch ungeahnte Möglichkeiten. Wenn das für Sie interessant ist, dann sollten Sie sich näher mit XML befassen.

HTM und HTML

HTML-Dokumente haben die Dateiendung HTM. Das ist richtig, die ursprüngliche Dateiendung lautet jedoch HTML. Auf PCs mit DOS als Betriebssystem war es nicht möglich, Dateiendungen, die so genannten Extensions, mit vier Buchstaben zu verwenden, diese mussten aus drei Zeichen bestehen.

Deshalb wurde aus HTML einfach HTM. Im WWW finden Sie HTML dennoch sehr häufig, da dort UNIX-basierende Computer vorherrschen, die diese Einschränkung nicht haben, und außerdem ist mit Windows 95 & 98 diese Einschränkung auch auf den meisten PCs gefallen.

Kurz und bündig, es handelt sich in beiden Fällen um HTML-Dateien. Übrigens haben auch XHTML-Dokumente die gleiche Endung, denn es handelt sich auch bei XHTML um HTML.

Physische Auszeichnungen

Als *physische Auszeichnungen* werden alle die Auszeichnungen bezeichnet, die der reinen Layoutformatierung dienen. Es sind Anweisungen, die z.B. angeben, den Text kursiv oder in einer bestimmten Größe darzustellen.

Solche Auszeichnungen enthalten absolut keine Informationen darüber, warum diese Formatierung sein soll, oder Aussagen über den Inhalt. Es ist die Art von Formatierungen, die auch von klassischen Textverarbeitungsprogrammen verwendet werden.

Fetter, kursiver und unterstrichener Text sind typische physische Auszeichnungen. Bei ihnen wurde angegeben: Setze den Text fett (kursiv oder unterstrichen)! Der Inhalt spielt dabei keine Rolle.

Logische Auszeichnungen

Logische Auszeichnungen formatieren den Text in logischer Art und Weise. Sie legen nicht fest, dass bestimmte Textpassagen fett oder kursiv dargestellt werden, sondern sie definieren die Eigenschaft. Dies kann z.B. bedeuten, dass Sie einen Abschnitt als Zitat kennzeichnen oder eine Überschrift markieren.

Bei HTML ist dies in der Praxis bisher kein Unterschied zu den physischen Auszeichnungen, es besteht jedoch ein relevanter Unterschied. Die Anzeige ist zumindest theoretisch nicht vorgegeben, sondern der Browser verwendet eine vom Benutzer definierte Formatierung.

Bleiben wir beim Beispiel Zitat. Wenn Sie als Webdesigner Zitate unterstrichen formatieren, ist das für Sie logisch, der Nutzer würde diese aber z.B. kursiv darstellen, er erkennt Ihr Zitat also nicht sofort als solches. Wenn Sie nun diesen Textabschnitt nicht mit der Auszeichnung für unterstrichenen Text versehen, sondern ihn als Zitat markieren, dann wird jeder die Markierung erhalten, die er erwartet.

So gesehen haben logische Auszeichnungen oftmals einen Vorteil gegenüber physischen Auszeichnungen.

Semantische Auszeichnungen

Der Begriff *semantische Auszeichnungen* gewinnt im WWW besonders durch XML an Bedeutung und geht wesentlich weiter. Auch logische Auszeichnungen dienen der späteren Darstellung, wenn auch wesentlich flexibler, als es bei den physischen Auszeichnungen der Fall ist.

Semantische Auszeichnungen haben mit der Formatierung und späteren Darstellung gar nichts zu tun. Sie strukturieren den Text. Das können Sie sich schon eher so vorstellen wie eine Datenbank, in der die Texte innerhalb verschiedener Felder erfasst werden, auch hier interessiert erst mal nicht, wie die Daten auf dem Bildschirm oder dem Papier ausgegeben werden. XHTML verwendet keine semantischen Auszeichnungen.

Delimitierung

Um den Textinhalt von den Auszeichnungen abzugrenzen und den Browser anzuweisen, dass er hier ein Tag interpretieren soll, werden die

Tags immer zwischen die beiden spitzen Klammern geschrieben (< >). Diese beiden spitzen Klammern sind so genannte Delimiter. Der Vorgang des Umschließens ist also die Delimitierung. Das könnten auch andere Zeichen sein, bei XHTML sind jedoch immer die beiden spitzen Klammern gemeint.

2.6 Zusammenfassung, Fragen und Übungen

Zusammenfassung

- ▶ Sie kennen die für Sie wichtigen Auszeichnungssprachen.
- ▶ Es gibt drei Formen der Auszeichnung; physische, logische und semantische Auszeichnungen.
- ▶ Alle Tags haben Delimiter, dies sind die beiden spitzen Klammern.
- ▶ XHTML-Dateien haben die Endung HTML.
- ▶ Mit einem Browser können Sie XHTML-Dokumente betrachten.
- ▶ Zum Erstellen von XHTML-Dokumenten benötigen Sie lediglich einen ASCII-Editor.
- ▶ Über einen Provider können Sie Ihre XHTML-Seiten im WWW veröffentlichen.

Fragen und Übungen

1. Worauf basiert XHTML?
2. Was ist eine semantische Auszeichnung?
3. Was ist eine physische Auszeichnung?
4. Nennen Sie zwei Metasprachen.
5. Was müssen Sie beachten, wenn Sie Ihre XHTML-Dokumente mit einem Textverarbeitungsprogramm erstellen?
6. Welche Endung müssen Ihre XHTML-Dokumente haben?
7. Was heißt HTML und was XHTML?

3 Eine erste XHTML-Seite

XHTML 1.0

3 Eine erste XHTML-Seite

Dieses Kapitel wird Ihnen einen Einblick in den Aufbau einer XHTML-Seite geben. Sie lernen das nötige Grundwissen, um erfolgreich und zielorientiert eigene XHTML-Dokumente zu erstellen.

3.1 Die Syntax

Jede Sprache hat ihre Grammatikregeln und ihre Rechtschreibung. Das trifft auch auf Programmiersprachen und damit auch auf XHTML zu.

Bei einer recht einfachen *Auszeichnungssprache* wie *XHTML* sind diese Regeln sehr leicht und schnell zu beherrschen. Allerdings müssen Sie genau auf die richtige Verwendung achten, damit die Funktion und die korrekte Darstellung des Seiteninhalts gewährleistet sind.

> **HINWEIS** Jedes XHTML-Dokument ist auch ein XML-Dokument. Die Spezifikation von XML sieht vor, dass fehlerhafte Dokumente zu einer Fehlermeldung führen und nicht angezeigt werden. Achten Sie deshalb auf korrekte Schreibweisen.

Tags

Die wichtigste Regel ist die, dass die Befehle – die bei XHTML Tags oder auch *Markups* genannt werden – immer in spitzen Klammern stehen,

z.B.:

`<b> fetter Text </b>`

Zwischen diesen beiden spitzen Klammern, die auf der Tastatur als die Zeichen »größer als« und »kleiner als« zu finden sind, steht dann der gewünschte Befehl, der meist die Abkürzung eines englischen Begriffs ist.

Die meisten Tags treten als Tagpaar auf, das erste markiert den Beginn der Formatierung und das zweite, bis wohin sie gültig sein soll.

Wird das *Endtag* nicht gesetzt, gilt die Formatierung für den ganzen Rest der Seite. Eine saubere Programmierung bedingt jedoch auch in diesem Fall das Setzen des Endtags.

Das Endtag wird durch einen Schrägstrich, dem so genannten *Slash*, zwischen der ersten spitzen Klammer und dem eigentlichen Befehl gesetzt (z.B.: </b> beendet fetten Text).

Es gibt jedoch auch Tags, die einzeln auftreten, wie z.B. der Seitenumbruch durch das Tag <br />. Bei XML spricht man in einem solchen Fall dann von einem leeren Element.

Leere Elemente haben eine kleine Besonderheit, sie bestehen nur aus einem Tag. Der Elementinhalt wird also nicht zwischen die zwei zum Element gehörigen Tags gesetzt, denn es gibt eben nur das eine Tag. Dadurch verändert sich die Schreibweise etwas:

Anhand dieser Zeile aus einem Quelltext sehen Sie, wie ein leeres Element aufgebaut ist. In diesen Fällen wird der Slash innerhalb dieses Tags gesetzt, und zwar immer direkt vor der zweiten spitzen Klammer.

Elemente

Werfen wir nochmals einen Blick auf unser Beispiel:

<b> fetter Text </b>

<b> ist das öffnende und </b> das schließende Tag. Zwischen beiden steht dann der zu formatierende Text. Die Gesamtheit aus Tags und Inhalt wird *Element* genannt.

Die Schreibweise

Im Gegensatz zu früheren Versionen von HTML ist XHTML *case sensitive*, d.h., Sie müssen ganz genau auf Groß- und Kleinschreibung achten. Wenn Sie z.B. anstatt `<br />` `<BR />` schreiben, dann ist dies falsch, auch wenn es im Augenblick noch keine Auswirkung hat. Zukünftige Browsergenerationen werden dann einen Fehler melden.

In XHTML werden Tags immer kleingeschrieben, das Gleiche gilt auch für Attribute, die Sie noch am Ende dieses Kapitels kennen lernen werden. Dort wird auch die Schreibweise von Tags und Attributen, die in der DTD festgelegt ist, erklärt.

Mit der Verwendung von Leerzeichen innerhalb eines Tags sollten Sie sehr vorsichtig umgehen. Ein Leerzeichen zwischen den spitzen Klammern eines Tags führt manchmal zu einem Fehler. Allerdings sollten Sie bei leeren Elementen vor dem abschließenden Schrägstrich immer ein Leerzeichen einfügen.

Erlaubte Zeichen

Der Quelltext eines XML-Dokuments ist in einem reinen Textformat geschrieben. Es wird auch von ASCII-Text gesprochen, da auch einige weitere Zeichen neben unseren Buchstaben unterstützt werden.

Als wichtigste solche Zeichen sind hier die beiden spitzen Klammern (< und >) zur Delimitierung der Markups und der Zeilenumbruch durch die Taste ⏎ zu nennen.

3.2 Die Seite

Der Browser, der unser XHTML-Dokument darstellt, muss erkennen, dass es sich bei der Datei, die er lädt, um ein XHTML-Dokument handelt. Dazu gibt es grundlegende Befehle zur Erstellung eines XHTML-Dokuments.

Eine einfache Seite

Betrachten wir uns zunächst das Grundgerüst einer leeren HTML-Seite, die immer gleich aussieht:

```
<html>
<body>
</body>
</html>
```

Sie sehen, wie einfach das ist. Dies ist bereits das Grundgerüst einer funktionierenden HTML-Seite, die allerdings noch leer, ohne Inhalt ist und die Besonderheiten von XHTML noch nicht berücksichtigt.

Eine XHTML-1.0-konforme Seite

In der Praxis wird das Gerüst allerdings etwas erweitert sein. Deshalb nachfolgend die Variante, die XML-konform ist. Die einzelnen Zeilen dieses XHTML-Quelltextes erkläre ich Ihnen gleich im Anschluss.

```
<?xml version="1.0"?>
<!DOCTYPE html PUBLIC "-//W3C//DTD XHTML 1.0 Strict//EN"
"DTD/xhtml1-strict.dtd">
<html xmlns="http://www.w3.org/1999/xhtml" xml:lang="en"
lang="en">
  <head>
  <title>
  </title>
  </head>
```

```
<body>
</body>
</html>
```

Und das bedeuten die einzelnen Zeilen:

- ▶ `<?xml version="1.0"?>`
  Dies ist die XML-Deklaration, mit der jedes XML-Dokument beginnen muss, also auch jedes XHTML-Dokument.

- ▶ `<!DOCTYPE html PUBLIC "-//W3C//DTD XHTML 1.0 Strict//EN//">`
  Hier wird festgelegt, nach welcher Spezifikation das XHTML-Dokument erstellt wurde, das heißt, welche *Document Type Declaration* dieser Seite zugrunde liegt.
  Die *Document Type Declaration*, kurz DTD, definiert, nach welchem Standard das folgende Dokument erstellt wurde. In ihr sind die Tags und Attribute definiert.

- ▶ `<html xmlns="http://www.w3.org/1999/xhtml" xml:lang="en" lang="en">`
  Hier wird das eigentliche Dokument geöffnet. Dies ist das erste Tag in einem *XHTML*-Dokument, es wird erst am Ende des Dokuments wieder aufgehoben. Hier wird ein so genannter XML-Namespace festgelegt.

Was genau hier passiert, brauchen Sie für XHTML gar nicht zu wissen. Die ersten drei Zeilen können Sie also zunächst immer jedem Dokument einfügen.

- ▶ `<head>`
  Nun wird der Kopf geöffnet.

- ▶ `<title>`
  Innerhalb des Kopfes wird der Titel der Seite angegeben, der dann in der Titelleiste des Browsers angezeigt wird.

- ▶ `</title>`
  Dies beendet den Titel.

- `</head>`
  Nun ist auch der Seitenkopf beendet.
- `<body>`
  Der Rumpf der Seite wird geöffnet. Hier befindet sich der eigentliche Seiteninhalt.
- `</body>`
  Nun wird der Rumpf mit dem Inhalt wieder geschlossen.
- `</html>`
  Hier wird nun das Seitenende festgesetzt.

Sauberes Programmieren

In XHTML sollten Sie gemäß den Spezifikationen folgende Zeile zur DTD verwenden:

- Wenn Sie sich absolut an die Spezifikationen gehalten haben und in Ihrem Dokument keine Tags stehen, die zwar zugelassen sind, die Sie aber möglichst nicht mehr benutzen sollten, wie z.B. das Tag `<font>`, dann verwenden Sie folgende Zeile:

  ```
  <!DOCTYPE html PUBLIC "-//W3C//DTD XHTML 1.0 Strict//EN" "DTD/xhtml1-strict.dtd">
  ```

- Haben Sie sich an die Spezifikation gehalten, aber die unerwünschten Tags dennoch verwendet, dann benutzen Sie einfach nachfolgende Zeile:

  ```
  <!DOCTYPE html PUBLIC "-//W3C//DTD XHTML 1.0 Transitional//EN""DTD/xhtml1-transitional.dtd">
  ```

- Wenn Sie XHTML-Seiten mit *Frames* erstellen, sollte das Dokument, das das *Frameset* enthält, folgende DTD erhalten:

  ```
  <!DOCTYPE html PUBLIC "-//W3C//DTD XHTML 1.0 Frameset//EN" "DTD/xhtml1-frameset.dtd">
  ```

  Damit wird angegeben, dass das Frameset den Regeln von XHTML 1.0 entspricht.

▶ Die neueste Browsergeneration unterstützt bereits die Möglichkeit, dass die Spezifikationen, nach denen das Dokument erstellt wurde, direkt von einer URL abgefragt werden. Dazu kann an die DTD eine URL angefügt werden. Haben Sie sich ganz streng an die Spezifikationen für XHTML 1.0 gehalten, lautet die Zeile folgendermaßen:

`<!DOCTYPE XHTML PUBLIC "-//W3C//DTD XHTML 1.0//EN//""http://www.W3.org/DTD/XHTML1-strict.dtd">`

Der Dokumentenkopf

Der Kopf des Dokuments wird mit `<head>` geöffnet und mit `</head>` geschlossen. Alle Informationen zwischen diesen Tags gehören zum Kopf, der direkt unterhalb der Document Type Declaration definiert wird. Hier finden sich Informationen zum Dokument, die nicht direkt das Erscheinungsbild des Dokuments beeinflussen.

Der Dokumententitel

Das Tag `<title>` wird eigentlich immer verwendet und ist deshalb das wichtigste Tag im Kopf eines Dokuments. Es dient dazu, einen Titel zu definieren, der dann in der Titelzeile des Browsers angezeigt wird. Der Einsatz ist ganz einfach:

`<title>Das ist der Seitentitel</title>`

Diese Zeile zeigt die Anwendung des `<title>`-Tags, wobei `Das ist der Seitentitel` durch den gewünschten Titel ersetzt wird. In der Abbildung 3.1 sehen Sie die Titelzeile des Internet Explorers.

Abb. 3.1: Titelzeile im Internet Explorer

Weitere Tags im Kopfteil

Im Kopfteil eines XHTML-Dokuments können noch weitere Tags platziert werden. Es handelt sich dabei um die folgenden:

```
<base>
<bgsound>
<isindex>
<meta>
<style>
```

Mit dem Tag `<style>` werden wir uns in Kapitel 10 noch befassen, es dient dazu Style Sheets in Ihrem Dokument zu verwenden.

Das Tag body

Nun kommen wir zum eigentlichen Dokument. Der Inhalt samt seiner Formatierungen wird zwischen den Tags `<body>` und `</body>` definiert. Der größte Teil dieses Buches befasst sich mit dem Teil, der zwischen diesen beiden Tags zu finden ist.

3.3 Kommentare

Überall, wo programmiert wird, ist es üblich, Kommentare im Quelltext anzubringen. Das erleichtert einem selber bei späteren Änderungen die Arbeit, oder wenn jemand anderes die Überarbeitung vornehmen soll, ist dies natürlich noch viel wichtiger.

Kommentare werden in XHTML durch ein spezielles Tag kenntlich gemacht:

```
<!-- Dies ist ein Kommentar-->
```

wobei `Dies ist ein Kommentar` durch den gewünschten Kommentar ausgetauscht wird.

Texte innerhalb dieses *Tags* werden von jedem Browser als Kommentar erkannt und völlig ignoriert. Damit lassen sich Kommentare zum besseren Verständnis der Programmierung oder als besonderer Hinweis in den Quelltext einfügen.

```
<body> <!-- Dieses Tag öffnet den Inhalt -->
</body> <!-- Und dieses Tag beendet den Inhaltsteil -->
```

Dies war ein Beispiel für einen kommentierten Quelltext.

3.4 Entities

Durch die Beschränkung der erlaubten Zeichen gibt es Zeichen, die innerhalb des Quelltextes ersetzt werden sollten. Dies sind zuerst die beiden Delimiter < und >, da diese ja einen Befehl markieren. Wenn Sie die Größer als-, bzw. Kleiner-als-Zeichen im Text verwenden, dann interpretiert der Browser hier u.U. einen Befehl und zeigt die Zeichen nicht.

Ein weiterer Fall, der oft zu Problemen führt, sind die deutschen Sonderzeichen. Diese können eventuell richtig angezeigt werden, das hängt jedoch von den Einstellungen des Browsers ab. Wir benötigen also eine Art Ersatzzeichen.

Was sind Entities?

Die Lösung dieses Problems sind die *Entities*. Ein Entity gibt es nicht nur für die jeweiligen deutschen Sonderzeichen. Alle Sonderzeichen der verschiedenen Sprachen sowie weitere Sonderzeichen, wie z.B. das Copyrightzeichen, Anführungszeichen und spitze Klammern, werden durch die Entities abgedeckt.

Der Aufbau eines Entity

Jedes Entity beginnt mit dem Zeichen &, gefolgt von der Umschreibung des Sonderzeichens und dann gefolgt vom Semikolon. Das *Ä* sieht als Entity folgendermaßen aus: `&Auml;`. Wenn Sie das etwas genauer betrachten, entdecken Sie bestimmt das logische Konzept, das dahinter steckt. Sie können das in dieser Art und Weise auf alle deutschen Umlaute anwenden.

Der entsprechende Buchstabe kommt nach dem &, und zwar entsprechend als Großbuchstabe oder als Kleinbuchstabe. Angefügt wird einfach `uml` für Umlaut, gefolgt von einem Semikolon. So haben Sie sehr schnell die spezifischen deutschen Sonderzeichen zusammen, mit Ausnahme des ß, das folgendermaßen gekennzeichnet werden muss: `&szlig;`.

Anstelle der Entities kann auch der numerische Wert aus dem Zeichensatz *ISO 8859* in der Syntax `&#Wert;` angegeben werden.

> **HINWEIS**
> In XHTML-Dokumenten ist es ganz besonders wichtig, dass Sie im Text die spitze Klammer oder auch die Anführungszeichen nicht direkt verwenden, sondern als Entities, damit es nicht zu Fehlinterpretationen durch den Browser kommt.

Die wichtigsten Entities

Da Sie bestimmte Entities häufiger verwenden werden, keinesfalls jedoch um den Einsatz herumkommen, finden Sie hier noch eine Liste der wichtigsten Entities. Damit dürften alle Entities abgedeckt sein, die Sie benötigen werden. Neben den Entities finden Sie auch den jeweils zugehörigen ISO-8859-Code.

Sonderzeichen	ISO 8859	Entity
ä	&#228;	&auml;
Ä	&#196;	&Auml;
ö	&#246;	&ouml;
Ö	&#214;	&Ouml;
ü	&#252;	&uuml;
Ü	&#220;	&Uuml;
ß	&#223;	&szlig;
Leerzeichen		
"	&#34;	&quot;
&	&#38;	&amp;
<	&#60;	&lt;
>	&#62;	&gt;
§	&#167;	&sect;
"	&#169;	&copy;
"	&#174;	&reg;
¼	&#188;	&frac14;
½	&#189;	&frac12;
¾	&#190;	&frac34;

Tab. 3.1: Liste der wichtigsten Entities

3.5 Der Dokumenteninhalt

Vom Ursprung her sind XHTML-Dokumente reine Textdokumente mit Verknüpfungen zu andere Stellen des Dokuments oder zu andere Dokumente. Es sind so genannte *Hypertextdokumente*. Schon seit Jahren wurden die Fähigkeiten jedoch ständig erweitert, zunächst um die Fähigkeit Grafiken und später auch andere Multimediaelemente einzubinden.

Texteingabe

Wenn in das Gerüst, das ich zu Beginn dieses Kapitels erläutert habe, Text geschrieben wird, haben wir ein XHTML-Dokument, das im Browser bereits eine Anzeige bewirkt.

Am besten kommen wir zur Praxis und Sie probieren das gleich einmal aus, indem Sie den nachfolgenden Quelltext abtippen. Der Text muss zwischen den Tags <body> und </body> stehen. Sie erinnern sich sicher, dass zwischen diesen beiden Tags immer der Inhalt der Seite steht. Es ist der Teil, der dann im Browser sichtbar ist. Wie der Titel festgelegt wird, wissen Sie ja auch bereits, deshalb verwenden Sie ihn auch schon.

```
<?xml version="1.0"?>
<!DOCTYPE html PUBLIC "-//W3C//DTD XHTML 1.0 Strict//EN" "DTD/xhtml1-strict.dtd">
<html xmlns="http://www.w3.org/1999/xhtml" xml:lang="en" lang="en">
<head>
<title> Eine Seite </title>
</head>
<body>
Dies ist auch schon unsere erste funktionierende Web-Seite. Sie sehen, es ist ganz einfach!
</body>
</html>
```

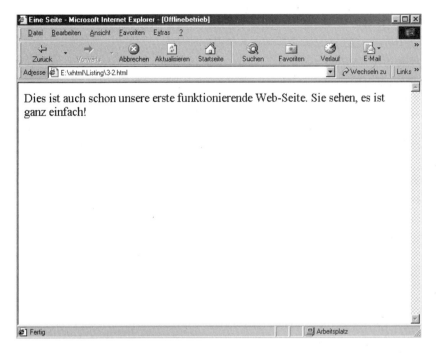

Abb. 3.2: Das erste XHTML-Dokument

Zeilenumbruch

In der Abbildung 3.2 sehen Sie das Ergebnis Ihres ersten Quelltextes im Browser. Es ist alles andere als zufriedenstellend. In XHTML interessiert es gar nicht, ob im Quelltext eine neue Zeile beginnt.

Wenn Sie einen Zeilenumbruch an einer bestimmten Stelle möchten, müssen Sie dort das Tag `<br />` einfügen. Dies kommt aus dem Englischen (engl. »break«) und es handelt sich hier um ein allein stehendes Tag, also um ein leeres Element.

Wenn Sie nun wie im nachfolgenden Listing das Tag `<br />` nach der ersten Zeile des Textes einfügen, dann erhalten Sie auch bei der Ausgabe durch den Browser den Text in zwei Zeilen.

```
<?xml version="1.0"?>
<!DOCTYPE html PUBLIC "-//W3C//DTD XHTML 1.0 Strict//EN"
"DTD/xhtml1-strict.dtd">
<html xmlns="http://www.w3.org/1999/xhtml" xml:lang="en"
lang="en">
<head>
<title> Eine Seite </title>
</head>
<body>
Dies ist auch schon unsere erste funktionierende Web-Seite.
<br />
Sie sehen, es ist ganz einfach!
</body>
</html>
```

Die Auswirkung dieser kleinen Änderung zeigt Ihnen die Abbildung 3.3.

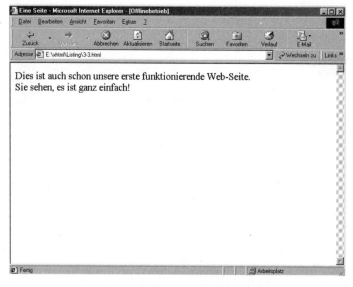

Abb. 3.3: Die Seite mit definiertem Zeilenumbruch

Absatz

Insbesondere in längeren Texten reicht es meist nicht, nur einen Zeilenumbruch einzufügen, wir benötigen einen Absatz. Gerade lange Texte lassen sich dadurch übersichtlicher strukturieren und bei Einsatz von Cascading Style Sheets (Kapitel 10) lassen sich dadurch ganzen Absätzen Formatierungen zuweisen.

Ein Absatz wird durch das Tag <p> eingeleitet. Er enthält bereits den Zeilenumbruch, allerdings wird die neue Zeile erst nach einer Leerzeile begonnen.

Ein Absatz beginnt jedoch nicht nur, sondern es muss auch ein Ende des Absatzes festgelegt werden. Daraus ergibt sich folgender Einsatz:

```
<p> Dies ist ein Absatz </p>
```

Wenn wir unsere Quelltext nun etwas modifizieren, sehen Sie ein Beispiel für den Einsatz des Tags <p>.

```
<?xml version="1.0"?>
<!DOCTYPE html PUBLIC "-//W3C//DTD XHTML 1.0 Strict//EN"
"DTD/xhtml1-strict.dtd">
<html xmlns="http://www.w3.org/1999/xhtml" xml:lang="en" lang="en">
<head>
<title> Eine Seite </title>
</head>
<body>
<p>
Hier befindet sich der erste Absatz.
</p>
<p>
und dies ist der zweite.
</p>
```

Sie sehen, es ist ganz einfach!
</body>
</html>

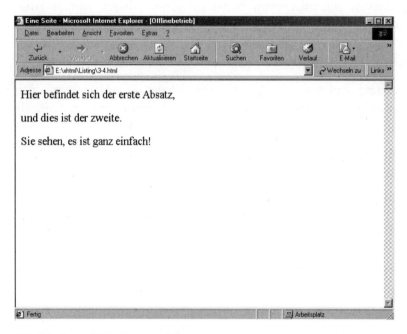

Abb. 3.4: Text mit Absätzen durch <p>

> **HINWEIS** In Quelltexten werden Sie immer wieder feststellen, dass das Tag <p> alleine steht. In diesem Fall gilt der Absatz bis zum nächsten Tag <p>. Auch wenn das funktioniert: Es ist falsch und in der Zukunft könnte das Probleme bereiten.

3.6 Trennlinien

Eine weitere Möglichkeit, Texte übersichtlicher zu gestalten, sind Trennlinien. XHTML sieht für *horizontale Linien* ein eigenes *Tag* vor: <hr /> (engl. »horizontal rule«). Dieses Tag ist wieder ein leeres Element und erzeugt eine Linie über die gesamte Breite des Dokuments, die wie eingestanzt wirkt. Der folgende Quelltext zeigt Ihnen den Einsatz:

```
<?xml version="1.0"?>
<!DOCTYPE html PUBLIC "-//W3C//DTD XHTML 1.0 Strict//EN"
"DTD/xhtml1-strict.dtd">
<html xmlns="http://www.w3.org/1999/xhtml" xml:lang="en"
lang="en">
<head>
<title> Eine Trennlinie </title>
</head>
<body>
Meine erste Seite!
<hr />
Auf dieser Seite befindet sich eine horizontale Linie.
<br />
Sie sehen, der Text wird durch den Einsatz auch gleich mit einem Zeilenumbruch versehen.
</body>
</html>
```

Wenn Sie nun eine XHTML-Datei mit diesem Quelltext in Ihren Browser laden, erhalten Sie eine Darstellung, wie Sie sie in der Abbildung 3.5 sehen.

> **HINWEIS** Das Tag **<hr />** bewirkt auch, dass der Text, der nach Einsatz des Tags folgt, in einer neuen Zeile beginnt.

Natürlich gibt es auch hier wieder einiges auszusetzen. So ist z.B. alles an den linken Rand gedrängt. Sie ahnen sicherlich schon, dass es eine Lösung gibt, auf die ich im nächsten Abschnitt eingehen werde.

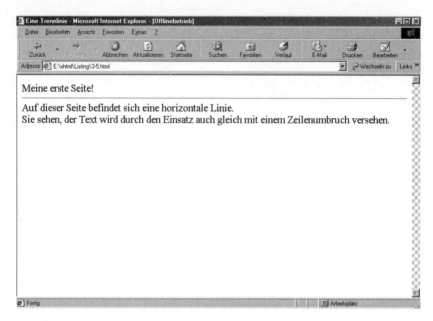

Abb. 3.5: Seite mit Linie

3.7 Die Attribute eines Tags

Ein wesentlicher Bestandteil von XHTML sind nicht nur die Tags, sondern ebenso die *Attribute*. Attribute, auch Optionen oder Parameter genannt, bestimmen das Wie des Tags.

> **HINWEIS**
> Beachten Sie stets, dass auch Attribute case sensitive sind und in XHTML immer kleingeschrieben werden müssen.

Ein Attribut ermöglicht es, die Darstellung eines Tags zu beeinflussen. Mithilfe von Attributen können Sie Objekte links, rechts oder zentriert anordnen, Sie können außerdem die Höhe und die Breite festlegen, um nur einige Möglichkeiten zu nennen.

Es gibt auch Attribute, die unbedingt nötig sind, damit der Einsatz eines Tags Sinn macht. Sie lernen solche Attribute weiter hinten, z.B. bei dem Einsatz von Links und Grafiken, kennen.

> **HINWEIS** Ein Attribut darf innerhalb eines Tags nur einmal verwendet werden!

Das Beispiel der horizontalen Linie eignet sich sehr gut, um Ihnen einige wichtige Attribute vorzustellen, die Ihnen auch bei anderen Tags immer wieder begegnen werden.

Die Größe

Mithilfe des Attributs `size` lässt sich die Größe eines Objekts festlegen; auf die horizontale Linie angewendet, bestimmt `size` (engl. »Größe«) die Dicke der Linie.

`<hr size="n" />`

Dabei wird n durch eine Zahl für die Pixel ersetzt. Wird das Attribut nicht angegeben, dann ist die Standardgröße 2. Das Attribut wird einfach in die Klammern, die das Tag umschließen, mit hineingeschrieben.

> **HINWEIS** Sie sehen, dass die Zahl in Anführungszeichen steht. Dies ist der Wert eines Attributs, der immer in Anführungszeichen stehen muss. Dies gilt für alle Attribute.

Die Breite

Das Attribut `width` (engl. »Breite/Weite«) ermöglicht die Festlegung der Breite der horizontalen Linie. Geben Sie dieses Attribut nicht an, geht die Linie immer über die gesamte Breite des Dokuments.

Interessante Möglichkeiten ergeben sich daraus, dass hier nicht nur ein Absolutwert, sondern auch eine Prozentangabe gemacht werden kann. Dadurch lassen sich verschiedene Effekte erzielen. Die möglichen Umsetzungen sehen folgendermaßen aus:

`<hr width="n">`

für einen Absolutwert, oder

`<hr width="n%">`

für die prozentuale Angabe.

Wobei auch hier wieder n durch die Pixel zu ersetzen ist. Für die prozentuale Angabe ist also lediglich das Prozentzeichen (%) hinter der Zahl anzugeben.

Am besten setzen Sie dies gleich wieder in einen Quelltext um, in dem drei horizontale Linien dargestellt werden: eine mit 100%, eine mit 50% und eine mit einem Absolutwert von 200. Das Ergebnis sehen Sie dann in der Abbildung 3.6.

```
<?xml version="1.0"?>
<!DOCTYPE html PUBLIC "-//W3C//DTD XHTML 1.0 Strict//EN"
"DTD/xhtml1-strict.dtd">
<html xmlns="http://www.w3.org/1999/xhtml" xml:lang="en" lang="en">
<head>
<title> Linien </title>
</head>
<body>
<hr width="100%">
<hr width="50%">
<hr width="200">
</body>
</html>
```

Abb. 3.6: Verschiedene Linien mit dem Tag <hr />

> **HINWEIS** Die Möglichkeit der prozentualen Angabe ist besonders interessant, denn ganz gleich, wie groß das Browserfenster des Betrachters ist, die Linie nimmt immer die angegebene Prozentzahl des verfügbaren Raumes ein.

Die Ausrichtung

Neben der Möglichkeit, die Größen zu bestimmen, werden Attribute auch oft eingesetzt, um die Ausrichtung eines Elements zu definieren. Dazu gibt es das Attribut align (engl. »ausrichten«). Mithilfe von align lassen sich Objekte links, zentriert oder rechts anordnen. Auf die horizontale Linie bezogen, gibt es folgende drei Möglichkeiten:

Ausrichtung links:

```
<hr align="left" />
```

Ausrichtung rechts:

```
<hr align="right" />
```

Ausrichtung zentriert:

```
<hr align="center" />
```

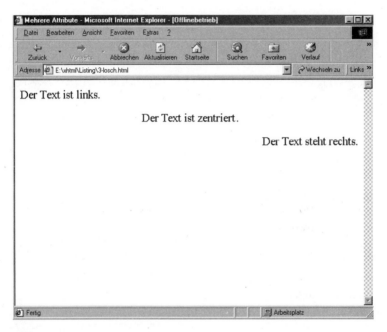

Abb. 3.7: Möglichkeiten der Ausrichtung durch das Attribut align

Nun kennen Sie schon wesentlich mehr Möglichkeiten, Ihr Dokumentlayout zu gestalten. Allerdings waren dies noch nicht alle Möglichkeiten. Sie können z.B. noch die Farbe ändern oder die Linie nicht mehr eingestanzt erscheinen lassen.

> **HINWEIS** Durch das Attribut color können Sie die Farbe der Linie ändern. Jedoch ist dies nicht zulässig, sodass dies in Zukunft zu Problemen führen kann. Mehr über das Attribut color erfahren Sie weiter hinten.

An dieser Stelle möchte ich nur kurz erwähnen, wie Sie den Stanzeffekt abschalten. Dazu existiert das Attribut noshade. Interessant an diesem Attribut ist, dass es keinen Wert besitzt, es wird einfach direkt eingesetzt:

```
<hr noshade />
```

Attribute kombinieren

Sie können einem Tag auch mehr als ein Attribut zuweisen. Diesen Fall werden Sie in der Praxis des Öfteren benötigen. Die Umsetzung ist sehr leicht: Die Attribute werden einfach nacheinander aufgeführt, und sie sind dabei nur durch ein Leerzeichen getrennt:

```
<hr align="center" width="20%" />
```

Zur Verdeutlichung können Sie nun im folgenden Quelltext die Breite der Linie auf 20% beschränken und sie soll zentriert sein. Der Text soll rechts ausgerichtet werden:

```
<?xml version="1.0"?>
<!DOCTYPE html PUBLIC "-//W3C//DTD XHTML 1.0 Strict//EN"
"DTD/xhtml1-strict.dtd">
<html xmlns="http://www.w3.org/1999/xhtml" xml:lang="en" lang="en">
<head>
<title> Mehrere Attribute </title>
</head>
<body>
<p align="right">
Der Text steht rechts.
</p>
<hr width="20%">
<p align="right">
```

```
Auch dieser Text ist rechts ausgerichtet.
</p>
</body>
</html>
```

Das Ergebnis dieses Listings sehen Sie in Abbildung 3.8.

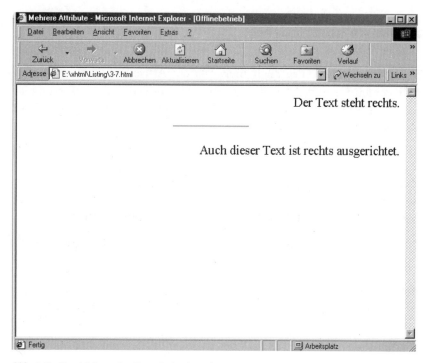

Abb. 3.8: Kombinierte Attribute bei <hr />

Sie sehen, das Einbinden von Attributen in die Tags und auch das Kombinieren von Attributen innerhalb eines Tags ist gar nicht schwierig.

> **HINWEIS** Die Attribute an sich wiederholen sich bei den verschiedenen Tags, allerdings sind nicht alle Attribute bei allen Tags anwendbar.

3.8 Zusammenfassung, Fragen und Übungen

Zusammenfassung

- ▶ XHTML ist eine Auszeichnungssprache zur Erstellung von Seiten.

- ▶ Sonderzeichen können durch Entities dargestellt werden.

- ▶ Es besteht die Möglichkeit, den Quelltext mit Kommentaren zu versehen, die vom Browser ignoriert werden.

- ▶ Programmierbefehle werden in XHTML Tags genannt.

- ▶ Tags stehen immer zwischen zwei spitzen Klammern.

- ▶ Der Inhalt einer XHTML-Seite wird zwischen den Tags `<body>` und `</body>` geschrieben.

- ▶ Um Tags näher zu spezifizieren, verwendet man Attribute.

- ▶ Werte von Attributen müssen immer in Anführungsstrichen gesetzt werden.

- ▶ XHTML ist case sensitive.

- ▶ Tags und Attribute müssen immer in kleinen Buchstaben geschrieben werden.

Fragen und Übungen

1. Wie definiert man den Dokumententitel?
2. Was ist ein Tag und was ein Element?
3. Welches Tagpaar definiert einen Absatz?
4. Wie lautet die gültige Doctype für ein Frameset in XHTML 1.0?
5. In welchem Teil des Quelltextes geben Sie den zu zeigenden Text ein, im Head oder im Body?
6. Wie lassen sich auch mehrere Attribute einem Tag zuordnen?
7. Was macht das Tag `<br />`?
8. Was ist an der folgenden Zeile falsch?

    `<HR size="4" Align="center" />`
9. Wozu dient das Tag `<hr />`?

4 Text und Formatierungen

XHTML 1.0

4 Text und Formatierungen

Vom Ursprung her ist XHTML eine Auszeichnungssprache, die Text auszeichnet (formatiert). XHTML-Dokumente stellen also Text dar, was sich ja auch schon im Namen widerspiegelt: eXtensible Hyper*Text* Markup Language.

Das Besondere an diesen Texten sind die *Links*, also *Querverweise*. Im Laufe der Jahre sind die Möglichkeiten enorm gewachsen, insbesondere Grafiken und Animationen haben in die Welt des WWW massiven Einzug gehalten, sodass man fast vergessen könnte, dass es sich hier ursprünglich um Textdateien gehandelt hat.

Im Prinzip handelt es sich jedoch um Text mit Querverweisen, in den Grafiken eingebunden werden können. In diesem Kapitel möchte ich Ihnen nun das Wissen vermitteln, ihren Text so zu formatieren, dass Sie Ihr gewünschtes optisches Ergebnis erhalten.

4.1 Basisformatierungen des Textes

Überschriften

Der Einsatz von Überschriften ist in vielen Texten vorgesehen. Nicht nur Bücher verwenden Überschriften, auch kürzere Texte werden durch Überschriften strukturiert. Dadurch können schnell bestimmte Textabschnitte aufgefunden werden. Auch in XHTML können Sie Überschriften verwenden, insbesondere bei langen Texten sollten Sie von dieser Möglichkeit Gebrauch machen.

XHTML sieht eine Hierarchie von sechs Überschriftenebenen vor. Mit dem Tag `<hn>` beginnt eine Überschrift, und mit dem Tag `</hn>` wird sie beendet. n wird durch Zahlen von 1 bis 6 ersetzt, wobei das Einsetzen der 1 zur größten Überschrift führt und das der 6 zur kleinsten.

Wenn Sie ein Tag für die Überschriften einsetzen, dann wird der Text nicht nur größer gesetzt als normal, sondern am Ende der Überschrift wird auch ein Zeilenumbruch wie durch das Tag <br /> automatisch eingefügt.

Den Einsatz verdeutlicht Ihnen das folgende Listung:

```
<?xml version="1.0"?>
<!DOCTYPE html PUBLIC "-//W3C//DTD XHTML 1.0 Strict//EN"
"DTD/xhtml1-strict.dtd">
<html xmlns="http://www.w3.org/1999/xhtml" xml:lang="en"
lang="en">
 <head>
  <title> &Uuml;berschriftebenen </title>
 </head>
 <body>
<h1> Ebene 1 </h1>
<h2> Ebene 2 </h2>
<h3> Ebene 3 </h3>
<h4> Ebene 4 </h4>
<h5> Ebene 5 </h5>
<h6> Ebene 6 </h6>
 </body>
</html>
```

Das Ergebnis sehen Sie nun in Abbildung 4.1.

Das Erscheinungsbild der Überschriften hängt auch vom verwendeten Browser und von eventuellen Einstellungen ab. Allerdings ist die Größenrelation zwischen den Überschriftenhierarchien immer gleich.

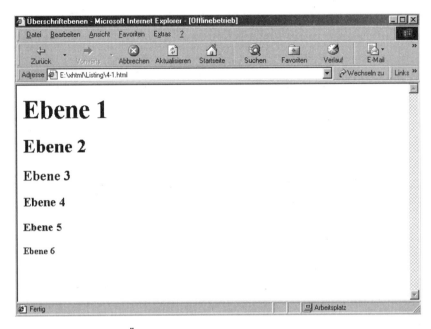

Abb. 4.1: Verschiedene Überschriften

4.2 Physische Textformate

Fett und kursiv

Fett oder kursiv gesetzter Text wird gerne verwendet, um einzelne Wörter oder Textpassagen optisch hervorzuheben. So können wichtige Stellen betont werden.

Fetter Text

Besonders häufig werden Hervorhebungen durch fetten Text realisiert. Diese Art der Formatierung hebt sich deutlicher vom restlichen Text ab als kursiv gesetzter Text.

Fetten Text erzeugen Sie in XHTML durch Verwendung der Tags <b> und </b>, das leitet sich aus dem englischen *bold* ab. Dabei wird der fett zu setzende Text zwischen die beiden Tags geschrieben:

```
<b> dieser Text ist fett </b>
```

In der Anwendung in einem Beispiel könnte das dann wie folgt aussehen:

```
<?xml version="1.0"?>
<!DOCTYPE html PUBLIC "-//W3C//DTD XHTML 1.0 Strict//EN"
"DTD/xhtml1-strict.dtd">
<html xmlns="http://www.w3.org/1999/xhtml" xml:lang="en"
lang="en">
 <head>
 <title> Fetter Text </title>
 </head>
 <body>
<h2> Fetter Text </h2>
Dieser Text ist normal gesetzt.<br />
<b>Und dieser hier erscheint fett!</b>
</body>
</html>
```

In Abbildung 4.2 sehen Sie, wie dieser Quelltext im Browser dargestellt wird.

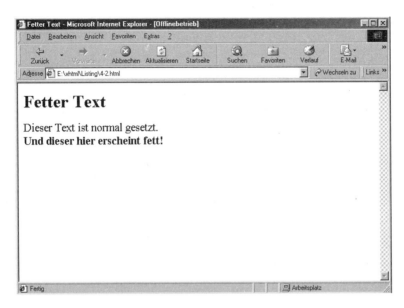

Abb. 4.2: Fetter Text

Kursiver Text

Die kursive Formatierung wird nicht nur gerne verwendet, um einzelne Wörter hervorzuheben, oft werden ganze Absätze kursiv gesetzt, um Unterscheidungen zum restlichen Text vorzunehmen. So werden z.B. bei Interviews oft die Aussagen einer Person normal gesetzt und die der anderen kursiv. Dadurch ist dann sofort klar, wer was gesagt hat.

Auch einzelne Worte werden häufig kursiv gekennzeichnet, so habe ich z.B. neue Fachwörter in diesem Buch kursiv gesetzt, wenn ich sie das erste Mal verwende. Dadurch wird eine dezente Hervorhebung erreicht.

In XHTML erzeugen Sie kursiven Text durch Verwendung der Tags <i> und </i>, abgeleitet vom englischen Wort *italic*. Dabei wird der Text, der kursiv erscheinen soll zwischen die beiden Tags geschrieben:

```
<i> dieser Text ist kursiv </i>
```

Der folgende Quelltext zeigt den Einsatz. In der Abbildung 4.3 sehen Sie wie dieses im Browser aussieht.

```
<?xml version="1.0"?>
<!DOCTYPE html PUBLIC "-//W3C//DTD XHTML 1.0 Strict//EN"
"DTD/xhtml1-strict.dtd">
<html xmlns="http://www.w3.org/1999/xhtml" xml:lang="en"
lang="en">
 <head>
 <title> Kursiver Text </title>
 </head>
 <body>
<h2> Kursiver Text </h2>
Dieser Text ist normal gesetzt.<br />
<i>Und dieser hier ist kursiv!</i>
</body>
</html>
```

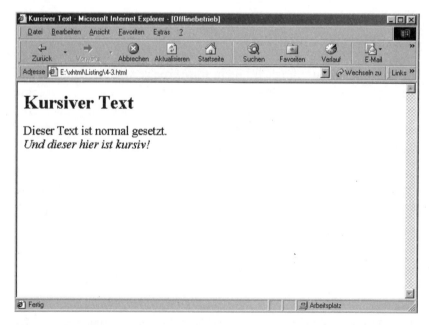

Abb. 4.3: Kursiver Text

Verschachtelte Tags

Mit den beiden Möglichkeiten Text fett und kursiv hervorzuheben lässt sich schon einiges auf einer XHTML-Seite formatieren. Da ein Tag immer gültig ist, bis es aufgehoben wird, lassen sich Tags auch verschachteln, um besondere Effekte zu erzielen. Dies funktioniert mit allen Tags, die Schriftformatierungen bewirken.

Betrachten wir uns diese Möglichkeit einmal aufgrund des folgenden Quelltextes etwas genauer. Abbildung 4.4 zeigt Ihnen das Ganze dann im Browser.

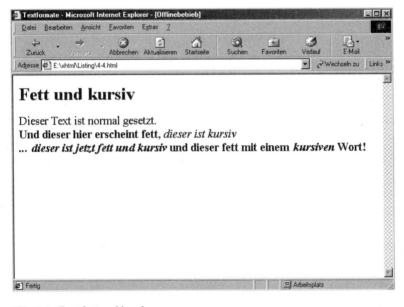

Abb. 4.4: Text fett und kursiv

```
<?xml version="1.0"?>
<!DOCTYPE html PUBLIC "-//W3C//DTD XHTML 1.0 Strict//EN"
"DTD/xhtml1-strict.dtd">
<html xmlns="http://www.w3.org/1999/xhtml" xml:lang="en"
lang="en">
```

```
<head>
<title> Textformate </title>
</head>
<body>
<h2> Fett und kursiv </h2>
Dieser Text ist normal gesetzt.<br />
<b>Und dieser hier erscheint fett.</b>
<i>dieser ist kursiv </i> <br />
<b><i> ... dieser ist jetzt fett und kursiv</i></b>
<b> und dieser fett mit einem <i>kursiven</i> Wort!</b>
</body>
</html>
```

Aus dem Quelltext ersehen Sie auch, wie die Verschachtelung vonstatten gehen muss. Die Tags dürfen nicht überlappend eingesetzt werden.

Hoch- und tiefgestellt, groß und klein

In XHTML besteht des Weiteren die Möglichkeit, Text kleiner und größer als normalen Text darzustellen, außerdem können Sie hoch- und tiefgestellten Text einsetzen. Am häufigsten werden diese Formatierungen bei der Darstellung von Formeln eingesetzt.

Hochgestellter Text

Mit hochgestelltem Text werden oft Verweise auf Quellenangaben in Texten markiert. Darüber hinaus wird er häufig in mathematischen Formeln eingesetzt.

Hochgestellten Text erzeugen Sie in XHTML durch Verwendung der Tags `<sup>` und `</sup>`, wobei der Text, der hochgestellt erscheinen soll – in der Regel einzelne Buchstaben oder Ziffern – zwischen den beiden Tags steht:

```
<sup>hochgestellt</sup>
```

Tiefgestellter Text

Seltener wird diese Formatierung benötigt. In chemischen Formeln sind oft Zahlen gegenüber dem restlichen Text tiefer gestellt. Wasser z.B. ist chemisch H2O, wobei die 2 korrekterweise tiefer gestellt wird.

Das Tag `<sub>` formatiert Text als tiefgestellt; es ist in der Anwendung gleich zu handhaben:

`<sub>tiefgestellt</sub>`

Großer Text

Bisher kennen Sie die Möglichkeit, Text durch Überschriften größer zu formatieren. Diese Möglichkeit ist jedoch nicht immer sinnvoll einzusetzen, alleine schon wegen des automatischen Zeilenumbruchs kann es zu Problemen kommen.

Abhilfe schafft hier das Tag `<big>`. Einzelne Buchstaben am Beginn eines Absatzes, Markieren wichtiger Wörter oder ganzer Absätze können mithilfe des Tags `<big>` durch Vergrößerung hervorgehoben werden.

Wie bei den Überschriften hängt die tatsächliche Größe der Darstellung zwar von den Browsereinstellungen ab, aber die Größenrelationen bleiben erhalten.

Der größer darzustellende Text wird einfach zwischen die Tags `<big>` und `</big>` geschrieben:

`<big> dieser Text ist größer </big>`

Kleiner Text

Genau das Gegenteil der Wirkung des Tags `<big>` erzielt der Einsatz des Tags `<small>`. Auch sein Einsatz gestaltet sich wieder nach dem gleichen Schema, denn der kleiner zu setzende Text wird zwischen die Tags `<small>` und `</small>` geschrieben:

`<small>` dieser Text ist kleiner `</small>`

Selbstverständlich lassen sich alle diese Tags wieder untereinander und natürlich mit den anderen bisher kennen gelernten und auch allen weiteren, die Sie in diesem Kapitel noch kennen lernen werden, kombinieren. Das nachfolgende Beispiel verdeutlicht nochmals den Einsatz der Tags.

Hoch- und tiefgestellte Zeichen werden meist etwas kleiner geschrieben, als der normale Text, denn so wirkt der Text optisch besser. Also werden wir in unserem nächsten Quelltext die Tags `<sup>` und `<sub>` entsprechend mit Tag `<small>` kombinieren. Der folgende Quelltext zeigt Ihnen ein Beispiel, in dem die letzten vier Tags eingesetzt sind:

```
<?xml version="1.0"?>
<!DOCTYPE html PUBLIC "-//W3C//DTD XHTML 1.0 Strict//EN"
"DTD/xhtml1-strict.dtd">
<html xmlns="http://www.w3.org/1999/xhtml" xml:lang="en" lang="en">
 <head>
 <title> Textformate 2 </title>
 </head>
 <body>
<h2> Verschiedene Formatierungen </h2>
In diesem Text zeige ich Ihnen die Formate: <big> groß </big>und<small> klein. </small> <br />
Außerdem lässt sich Text auch <sup> hochstellen </sup>und<sub> tiefstellen. </sub> <br />
Oft ist es auch sinnvoll diese Formatierungen gemischt einzusetzen.<br />
zum Beispiel bei: H<sub><small>2</small></sub>0
</body>
</html>
```

Das Ergebnis dieses Quelltextes sehen Sie in Abbildung 4.5.

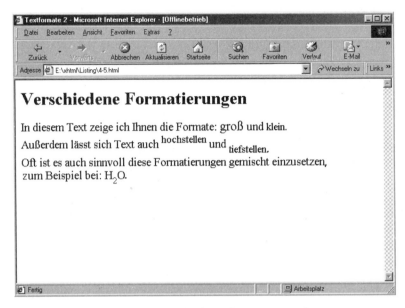

Abb. 4.5: Text groß, klein, hoch- und tiefgestellt

Weitere Formatierungen

Nichtproportionale Schrift

Eine nichtproportionale Schrift erzeugt ein Schriftbild, das dem einer Schreibmaschine ähnelt. Dies kann mit dem Tag <tt> erreicht werden. Auf diese Art und Weise können zum Beispiel ganze Absätze hervorgehoben oder Einleitungen und Fußnoten kenntlich gemacht werden. In der Praxis ist diese Textformatierung auf Web-Seiten nicht sehr häufig anzutreffen.

Der Einsatz des Tags <tt> erfolgt, indem der gewünschte Text wieder zwischen die Tags <tt> und </tt> geschrieben wird:

<tt> Schreibmaschinenschrift </tt>

4.3 Logische Textformate

Im Gegensatz zu den bisher besprochenen physischen, formatieren logische Textauszeichnungen einen Text nicht als z.B. kursiv oder hochgestellt, sondern sie definieren bestimmte Stellen z.B. als Zitat.

Es handelt sich hierbei nicht um eine Formatierung im eigentlichen Sinne, denn es wird dem Text keine besondere Formatierung zugeordnet. Vielmehr wird der Text logisch markiert. Das Besondere an den logischen Textauszeichnungen ist, dass Sie als Ersteller der XHTML-Dokumente nicht wissen, wie diese Formatierungen beim Betrachter aussehen werden.

Zunächst mag Ihnen das unsinnig erscheinen, aber der Vorteil ist dennoch offensichtlich: Wenn der Leser die Seite betrachtet, erkennt er z.B. alle Zitate auf einen Blick, da er selber festgelegt hat, wie Zitate abgebildet werden.

Web-Seiten sind heute allerdings meist bis auf den kleinsten Punkt durchgestylt, dafür sind diese Tags dann natürlich nicht einsetzbar. Allerdings werden solche Seiten in der Regel auch mithilfe von Cascading Style Sheets realisiert. Doch der Ursprung des Web ist die Wissenschaft, und der Anteil an Informationen, wissenschaftlicher und sonstiger Art, bei denen es nicht auf besonders schönes, sondern sinnvolles und übersichtliches Design ankommt, ist immer noch sehr hoch. Wenden wir uns nun also den einzelnen Tags zu.

Abkürzungen

Oft werden Abkürzungen, wie z.B. HTTP oder XML, so formatiert, dass sie sich vom restlichen Text abheben. In XHTML haben Sie diese Möglichkeit durch das Tag `<acronym>`. Der zu markierende Begriff wird dabei einfach zwischen die Tags `<acronym>` und `</acronym>` gesetzt:

```
<acronym> XHTML </acronym>
```

Zitate

Insbesondere in wissenschaftliche Abhandlungen werden häufig Zitate eingesetzt. Diese müssen natürlich entsprechend kenntlich gemacht werden und sollten am besten auf einen Blick in der Gesamtheit als Zitat zu erkennen sein.

Auch in XHTML haben Sie die Möglichkeit, Zitate als solche kenntlich zu machen, indem Sie das Zitat zwischen die Tags `<cite>` und `</cite>` schreiben:

`<cite> Dies ist ein Zitat. </cite>`

Programmlistings

Auch für Listings, also Programmcodes, gibt es eine logische Auszeichnung. Oft ist es sinnvoll, dass sich das Listing auf einen Blick vom restlichen Text abhebt. Ihnen ist bestimmt schon aufgefallen, dass die Quelltexte in diesem Buch ebenfalls in einer anderen Schrift gesetzt sind, als der Rest des Buches.

Das Tag, mit dem Sie den Text als Listing markieren können, ist das Tag `<code>`, und wie immer wird der betreffende Text zwischen die zwei Tags `<code>` und `</code>` gesetzt.

`<code> Dies ist ein Programmcode. </code>`

Definitionen markieren

Definitionen sind in Texten meist optisch markiert, so wird im gedruckten Buch eine Definition meist kursiv dargestellt. In XHTML haben Sie die Möglichkeit, eine Definition über das Tag `<dfn>` zu markieren.

Dabei wird der Text, der als Definition markiert werden soll, zwischen die Tags `<dfn>` und `</dfn>` geschrieben:

`<dfn> Dies ist eine Definition. </dfn>`

Betonter Text

Das englische Wort *emphasis* stand bei diesem Tag Pate. Dieses Tag wird dann angewendet, wenn eine Textstelle in der Betonung besonders hervorgehoben werden soll.

Der so zu betonende Text wird zwischen die Tags `<em>` und `</em>` geschrieben:

`<em> Dieser Text ist betont. </em>`

Tastatureingaben

Tastatureingaben werden insbesondere in Schulungsunterlagen und Handbüchern abgebildet. Damit diese nicht zu leicht überlesen werden, werden sie gesondert markiert. Da auch im Internet Schulungsunterlagen zu finden sind, bietet es sich an, dafür das entsprechende XHTML-Tag zu verwenden.

Das Tagpaar `<kbd>` und `</kbd>`, abgeleitet von dem englischen Wort keyboard, gibt Ihnen die Möglichkeit, Text, der zwischen den beiden steht, als Tastatureingaben kenntlich zu machen:

`<kbd> Shift </kbd>`

Beispiel

Theorien und trockene Definitionen werden häufig mit Beispielen verdeutlicht. Zusammen mit der Erklärung wird oft erst durch das Beispiel der Sinn einer Aussage deutlich. Meist wird ein Beispiel auch optisch vom erklärenden Text abgehoben gesetzt. Auch in XHTML besteht die Möglichkeit, einen Text als Beispiel zu definieren. Der Name des Tags stammt vom englischen Wort sample, das sinngemäß Beispiel bedeutet.

Der Einsatz des Tagpaares `<samp>` und `</samp>` erfolgt wie gewohnt:

`<samp> Dies ist ein Beispiel. </samp>`

Wichtiger Text

Textstellen die vom Autor als sehr wichtig angesehen werden, sind meist besonders auffallend markiert.

Um Textstellen in XHTML-Dokumenten als wichtig zu markieren, gibt es das Tag `<strong>`. Der entsprechende Text wird zwischen das Tagpaar `<strong>` und `</strong>` geschrieben:

```
<strong> Das ist ganz wichtig! </strong>
```

Variablen

In mathematischen Gleichungen, aber auch in technischen und naturwissenschaftlichen Publikationen, werden Variablen besonders gekennzeichnet. Auch im Web finden sich zuhauf solche Publikationen, zumal sein Ursprung sowieso ein wissenschaftlicher war. Wir haben in XHTML dafür das Tagpaar `<var>` und `</var>` zur Verfügung.

```
<var> Variable </var>
```

Logische Textformate im Einsatz

Jeder Browser hat Standardeinstellungen für die logischen Textformate, wenn der Nutzer keine eigenen Einstellungen definiert hat, dann werden diese verwendet. In der Abbildung 4.6 sehen Sie das folgende Listing im Internet Explorer mit den Standardeinstellungen.

```
<?xml version="1.0"?>
<!DOCTYPE html PUBLIC "-//W3C//DTD XHTML 1.0 Strict//EN"
"DTD/xhtml1-strict.dtd">
<html xmlns="http://www.w3.org/1999/xhtml" xml:lang="en"
lang="en">
 <head>
 <title> Logische Textformate </title>
 </head>
 <body>
 <h2> Logische Textauszeichnungen </h2>
```

```
Betrachten wir uns nun einige logische Auszeichnungen: <br />
<var>Variable</var>,
<strong>Wichtiger Text</strong>,
<samp>Beispiel</samp>,
<kbd>Tastatureingabe</kbd>,
<br />
<em>betonter Text</em>,
<code>Listing</code> und
<cite>Zitat</cite>.
<br />
... ich denke der Einsatz ist klar.
</body>
</html>
```

Abb. 4.6: Logische Textauszeichnungen

4.4 Listen

Mithilfe von Listen lassen sich Textdokumente oftmals übersichtlicher gestalten. Mit XHTML können Sie keine Tabstops, wie mit einem Textverarbeitungsprogramm definieren, deshalb stehen Ihnen zur Erstellung von Listen einige Tags zur Verfügung. Dabei wird zwischen sortierten und unsortierten Listen unterschieden.

Die unsortierte Liste

Wenden wir uns zunächst der unsortierten Liste zu. Eine unsortierte Liste wird mithilfe des Tags `<ul>` definiert. Dabei wird zwischen den Tags `<ul>` und `</ul>`, die die Liste öffnen und schließen, ein weiteres Tagpaar benötigt. Es sind die Tags `<li>` und `</li>`, zwischen denen die einzelnen Einträge der Liste jeweils aufgeführt werden:

```
<ul>
<li> Eintrag </li>
</ul>
```

Das nachfolgende Beispiel verdeutlicht die Vorgehensweise; im Browser sieht das Ergebnis dann aus, wie in Abbildung 4.7 zu sehen. Sie erkennen dort, dass die unsortierte Liste den einzelnen Einträgen lediglich ein Aufzählungszeichen voranstellt.

```
<?xml version="1.0"?>
<!DOCTYPE html PUBLIC "-//W3C//DTD XHTML 1.0 Strict//EN"
"DTD/xhtml1-strict.dtd">
<html xmlns="http://www.w3.org/1999/xhtml" xml:lang="en" lang="en">
  <head>
  <title> Liste 1 </title>
  </head>
```

```
<body>
<h2> Unsortierte Liste </h2>
<ul>
<li> Eintrag 1 </li>
<li> Eintrag 2 </li>
<li> Eintrag 3 </li>
<li> Eintrag 4 </LI>
</ul>
</body>
</html>
```

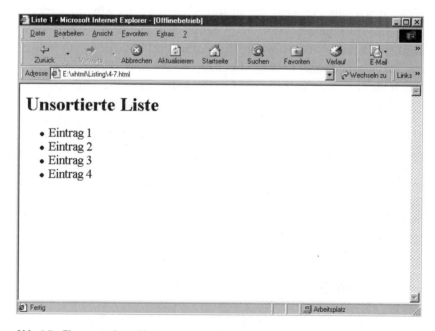

Abb. 4.7: Eine unsortierte Liste

Dies ist eine recht einfache Liste, bei der die einzelnen Einträge lediglich untereinander aufgeführt werden. Oft benötigen Sie jedoch Listen, die wieder in Unterpunkte aufgegliedert sind.

Dies kann erreicht werden, indem Sie die Listen ineinander verschachteln. Dabei öffnen Sie die erste Liste und danach die zweite. Dann schließen Sie die zweite Liste und erst danach die erste.

Sie könnten jetzt innerhalb der zweiten Liste noch eine dritte öffnen usw., ganz so, wie Sie es benötigen. Da das sehr theoretisch ist, setzen Sie es gleich einmal in die Praxis um.

```
<?xml version="1.0"?>
<!DOCTYPE html PUBLIC "-//W3C//DTD XHTML 1.0 Strict//EN"
"DTD/xhtml1-strict.dtd">
<html xmlns="http://www.w3.org/1999/xhtml" xml:lang="en"
lang="en">
 <head>
 <title> Liste 2 </title>
 </head>
 <body>
<h2> Eine verschachtelte Liste </h2>
<ul>
<li> Liste 1, A </li>
<ul>
<li> Liste 2, Eintrag 1 </li>
<li> Liste 2, Eintrag 2 </li>
</ul>
<li> Liste 1, B </li>
<li> Liste 1, C </li>
</ul>
</body>
</html>
```

Das Ergebnis zeigt Ihnen die Abbildung 4.8.

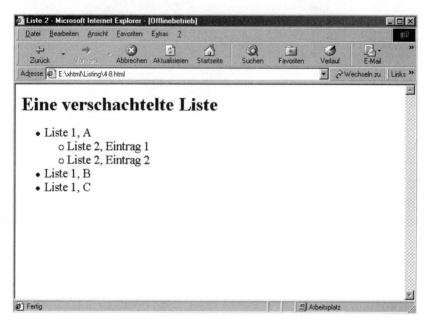

Abb. 4.8: Eine verschachtelte Liste

Die sortierte Liste

Manchmal ist es sinnvoll, dass eine Liste durchnummeriert ist. Dazu erstellen Sie zuerst eine sortierte Liste. Dabei kann die Art der Nummerierung festgelegt werden. Möglich sind arabische und römische Ziffern und alphanumerische Auflistungen.

Eine sortierte Liste wird mithilfe des Tags <ol> definiert. Dabei wird zwischen den Tags <ol> und </ol>, die die Liste öffnen und schließen, genauso wie bei der unsortierten Liste, wieder das Tagpaar <li> und </li> benötigt:

```
<ol>
<li> Eintrag </li>
</ol>
```

Der Einsatz erfolgt also in der gleichen Art und Weise wie beim Tag <ul>. Sie können die Beispiele, die wir bei den sortierten Listen bearbeitet haben, nur durch Austausch der Tags <ul> gegen <ol> einmal ausprobieren. An der Syntax des Quelltextes ändert sich nichts.

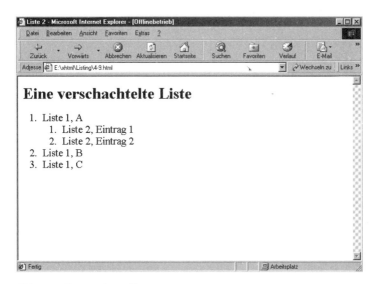

Abb. 4.9: Eine sortierte Liste

In der Abbildung 4.9 sehen Sie unseren letzten Quelltext der unsortierten Liste nach dem Austausch des Tags <ul> gegen das Tag <ol>. Wie Sie sehen, ist es etwas unschön, dass die Unterpunkte einfach durchnummeriert sind und sich nicht von der Nummerierung der ersten Ebene abheben.

Abhilfe schafft hier das Attribut type, das Sie sowohl bei dem Tag <ol> als auch bei dem Tag <li> einsetzen können. Mithilfe dieses Attributs können Sie die oben bereits erwähnte Art der Aufzählung festlegen:

<ol type=n> </ol>

oder

<li type=n> </li>

Text und Formatierungen

Dabei wird n durch vorgegebene Werte ersetzt, die jeweils für eine andere Art der Aufzählung stehen:

Das Attribut type=1

Wenn Sie bei einer sortierten Liste gar nichts angeben, werden arabische Ziffern verwendet. Das Gleiche erreichen Sie mit dieser Einstellung (1, 2, 3 usw.).

Das Attribut type=a

Diese Einstellung bewirkt eine Aufzählung mit Kleinbuchstaben (a, b, c usw.).

Das Attribut type=A

Großbuchstaben werden hier zur Aufzählung eingesetzt (A, B, C usw.).

Das Attribut type=i

Diese Einstellung bewirkt eine Aufzählung mit römischen Ziffern, wobei hier die Kleinbuchstaben zur Darstellung verwendet werden (i, ii, iii usw.).

Das Attribut type=I

Dies bewirkt die Darstellung römischer Ziffern unter Verwendung großer Buchstaben (I, II, III usw.).

Wenn wir dieses Wissen nun in den vorherigen Quelltext integrieren, sieht die Liste schon viel besser aus. In unserem Beispiel verwenden wir für die Unterlisten Großbuchstaben als Nummerierung:

```
<?xml version="1.0"?>
<!DOCTYPE html PUBLIC "-//W3C//DTD XHTML 1.0 Strict//EN"
"DTD/xhtml1-strict.dtd">
<html xmlns="http://www.w3.org/1999/xhtml" xml:lang="en"
lang="en">
  <head>
    <title> Liste 3 </title>
```

```
</head>
<body>
<h2> Verschachtelte, sortierte Liste </h2>
<ol type=1>
<li> Liste 1, erster Eintrag </li>
<ol type=A>
<li> Liste 2, erster Eintrag </li>
<li> Liste 2, zweiter Eintrag </li>
</ol>
<li> Liste 1, zweiter Eintrag </li>
<li> Liste 1, dritter Eintrag </li>
</ol>
</body>
</html>
```

Abbildung 4.10 zeigt Ihnen nun das Ergebnis dieser Änderung.

Abb. 4.10: Eine sortierte Liste mit dem Attribut type

Sortierte und unsortierte Listen verbinden

Weitere interessante Möglichkeiten ergeben sich auch durch die Kombination von sortierten mit unsortierten Listen. Das geht ganz einfach, dazu sehen Sie das folgende Beispiel, das im Browser ein Bild wie in Abbildung 4.11 hervorruft.

```
<?xml version="1.0"?>
<!DOCTYPE html PUBLIC "-//W3C//DTD XHTML 1.0 Strict//EN"
"DTD/xhtml1-strict.dtd">
<html xmlns="http://www.w3.org/1999/xhtml" xml:lang="en"
lang="en">
 <head>
 <title> gemischte Liste </title>
 </head>
 <body>
<h2> Verschachtelte Liste </h2>
<ol>
<li> sortierte Liste 1, Eintrag 1 </li>
<ul>
<li> unsortierte Liste 2, Eintrag 1 </li>
<li> unsortierte Liste 2, Eintrag 2 </li>
</ul>
<li> sortierte Liste 1, Eintrag 2 </li>
<li> sortierte Liste 1, Eintrag 3 </li>
</ol>
</body>
</html>
```

Abb. 4.11: Auch gemischte Listen sind möglich

4.5 Glossar

Ein Glossar ist ein Verzeichnis von Fachbegriffen zu einem bestimmten Thema. Sie finden auch am Ende dieses Buches eines. Insbesondere bei technischen und wissenschaftlichen Texten wird oft ein Glossar benötigt. Sie können es sich sicher schon denken: Ich würde Glossare nicht erwähnen, wenn XHTML dafür keine Funktion hätte; kommen wir also zu den benötigten Tags.

Der Syntaxaufbau eines Glossars in XHTML ist dem einer Liste gleich, lediglich die zu verwendenden Tags sind andere.

Ein Glossar wird mithilfe des Tags `<dl>` definiert. Dabei werden zwischen den Tags `<dl>` und `</dl>`, die das Glossar öffnen und schließen, weitere Tags benötigt. Es sind die Tags `<dt>` und `</dt>`, zwischen denen die einzelnen Begriffe des Glossars aufgeführt werden.

Die Erklärung des Begriffs wiederum wird zwischen die Tags <dd> und </dd> geschrieben:

```
<dl>
<dt> Der Begriff </dt>
<dd> Hier folgt die Begriffserklärung. </dd>
</dl>
```

In die Praxis umgesetzt ist dies im folgenden Beispiel:

```
<?xml version="1.0"?>
<!DOCTYPE html PUBLIC "-//W3C//DTD XHTML 1.0 Strict//EN"
"DTD/xhtml1-strict.dtd">
<html xmlns="http://www.w3.org/1999/xhtml" xml:lang="en"
lang="en">
 <head>
 <title> Glossar </title>
 </head>
 <body>
<h2> Ein Glossar </h2>
<dl>
<dt> XHTML </dt>
<dd> XHTML ist die Programmiersprache des World Wide Web. Es handelt sich dabei um eine Adaption von HTML 4 auf XML ... </dd>
<dt> XML </dt>
<dd> XML ist eine Metasprache, die entwickelt wurde, um das veraltete SGML abzulösen ... </dd>
</dl>
</body>
</html>
```

Abbildung 4.12 zeigt Ihnen das Glossar aus obigem Quelltext.

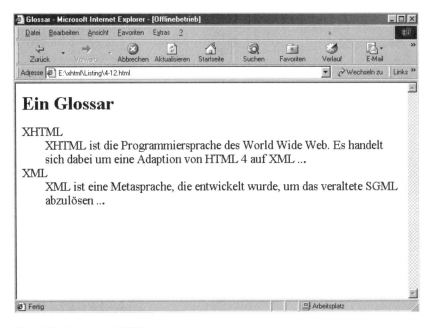

Abb. 4.12: Glossar in XHTML

4.6 Zusammenfassung, Fragen und Übungen

Zusammenfassung

▶ Es gibt zwei Arten der Textformatierung, die physische und die logische Textauszeichnung.

▶ Überschriften können in XHTML durch das Tagpaar `<hn> </hn>` dargestellt werden.

▶ Text kann in XHTML durch das Tagpaar `<i> </i>` kursiv dargestellt werden.

▶ Text kann in XHTML durch das Tagpaar `<b> </b>` fett dargestellt werden.

Zusammenfassung

▶ Text kann in XHTML durch das Tagpaar `<big> </big>` vergrößert dargestellt werden.

▶ XHTML bietet die Möglichkeit, Listen zu erstellen.

▶ Diese Listen können sortiert, d.h. durchnummeriert sein.

▶ Die Erstellung von Glossaren erfolgt nach einem ähnlichen Schema wie die von Listen.

Fragen und Übungen

1. Wie definieren Sie in XHTML betonten Text?
2. Wie wird kursiver Text formatiert?
3. Was ist eine logische Textauszeichnung?
4. Und was ist eine physische Textauszeichnung?
5. Welches Tagpaar umschließt die Definition einer sortierten Liste?
6. Welches Tagpaar markiert die Einträge einer unsortierten Liste?
7. Welche Tags benötigen Sie, um ein Glossar zu erstellen?

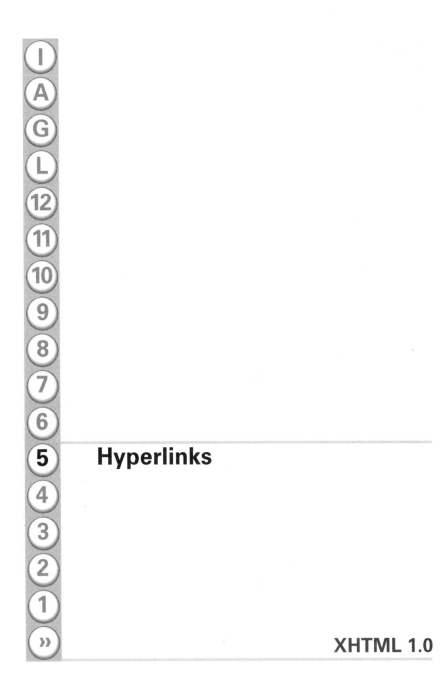

Hyperlinks

XHTML 1.0

5 Hyperlinks

Hyperlinks, im Folgenden nur noch *Links* genannt, sind die Elemente einer XHTML-Seite, die Verbindungen zu anderen Seiten herstellen. Diese *Verknüpfungen*, wie sie auch genannt werden, sind zentrales Element bei der Erstellung der so genannten Web-Sites, deshalb wenden wir uns nun diesem Thema zu. Gerade Links haben dem World Wide Web auf seinem Siegeszug geholfen. Was ist eine XHTML-Seite ohne Verknüpfungen zu anderen Seiten?

Wenn Sie durch das World Wide Web surfen, dann tun Sie das mithilfe der Links. Es sind also Links, die Ihr XHTML-Dokument erst hyper machen, sie sollten Links immer einsetzen, wenn es Sinn macht – lieber zu oft als zu selten. Sie können z.B. *Verweise* auf die Seiten Ihrer Freunde, interessanter Server usw. in Ihre Homepage integrieren.

Ein Link kann auf eine Textstelle im gleichen Dokument, auf ein Dokument auf der anderen Seite der Erde oder zu einem anderen Internetdienst verweisen. Durch einfachen Mausklick springen Sie an das Ziel des Links. Dies macht aus normalen Texten *Hypertextdokumente*.

> **HINWEIS** In diesem Kapitel behandeln wir Links in Textform, allerdings besteht auch die Möglichkeit Bilder als Links zu definieren. Mehr über diese Möglichkeiten erfahren Sie dann im nächsten Kapitel, das sich mit Grafiken befasst.

5.1 Links definieren

Unabhängig davon, worauf Sie einen Link verweisen lassen möchten, auf einen anderen Internetdienst oder auf ein anderes Dokument, Sie benötigen dafür immer das gleiche Tag. Dabei wird ein *Anker* (engl. *Anchor*) gesetzt, verwendet wird dafür das Tag `<a>`.

Unbedingt notwendig ist auch die Verwendung des Attributs `href`, das die Einbindung eines Ziels ermöglicht. Für die Anwendung wird zwischen die Tags `<a>` und `</a>` die Beschreibung des Links geschrieben:

`<a href="ziel">Link zu ... </a>`

Dabei wird `Link zu ...` durch den gewünschten Text ersetzt und `ziel` durch die URL des Ziels. Je nachdem, welches Ziel der Link hat, sehen die Adressen sehr unterschiedlich aus. Dabei haben Sie folgende Möglichkeiten für eine Zielwahl:

▶ Die Zieladresse liegt innerhalb des Dokuments.

▶ Die Zieladresse ist ein anderes XHTML-Dokument, das aber auf demselben Server liegt.

▶ Die Zieladresse ist irgendeine URL im World Wide Web.

▶ Die Zieladresse ist eine E-Mail-Adresse.

▶ Die Zieladresse ist eine Newsgroup.

▶ Die Zieladresse ist eine Telnetadresse.

▶ Die Zieladresse ist eine Gopheradresse.

▶ Die Zieladresse ist eine beliebige Datei.

5.2 Lokale Links

Lokale Links sind Verknüpfungen innerhalb des XHTML-Dokuments und Links, die auf Dokumente auf dem gleichen Server verweisen.

Links innerhalb eines Dokuments

In XHTML lassen sich bestimmte Textstellen markieren, sodass auch diese Ziel eines Links werden können. Dadurch können Sie nicht nur auf Dokumente verweisen, sondern auch auf bestimmte Stellen in einem Dokument. Insbesondere bei langen Seiten ist dies eine gerne genutzte Möglichkeit.

Der Zielpunkt

Dazu muss diese Stelle zuerst eindeutig gekennzeichnet werden. Dort müssen Sie einen Anker setzen und diesem einen Namen geben.

Dazu wird zwischen die Tags <a> und </a> der Text geschrieben, wobei im Tag <a> der Name durch das Attribut name festgelegt wird.

`<a name="n"> Text </a>`

Dabei muss n durch den gewünschten Zielnamen ersetzt werden, der in Anführungszeichen geschrieben wird.

Der Zielpunkt des Links ist jetzt festgelegt, Sie benötigen nur noch den Startpunkt.

Die Syntax des Links

Auch hier setzen Sie wieder einen Anker mithilfe des Tags <a>. Allerdings benötigen Sie ein anderes Attribut, Sie verwenden hier das Attribut href und verweisen auf den Namen des definierten Ziels.

`<a href="#n"> Text </a>`

Dabei wird n durch den definierten Zielnamen ersetzt, der in Anführungszeichen und mit vorangestellter Raute geschrieben wird.

Verweisen Sie nun im folgenden Beispiel auf ein Ziel innerhalb des Dokuments.

```
<?xml version="1.0"?>
<!DOCTYPE html PUBLIC "-//W3C//DTD XHTML 1.0 Strict//EN"
"DTD/xhtml1-strict.dtd">
<html xmlns="http://www.w3.org/1999/xhtml" xml:lang="en"
lang="en">
  <head>
```

```
<title> Link </title>
</head>
<body>
<h2> Link innerhalb eines Dokuments </h2>
<p>
Dieses Beispiel ist ein Link, der auf das Ende des Textes innerhalb eines XHTML-Dokuments verweist. <a href="#Ende"> Dieser Link </a> verweist auf das Seitenende. </p>
<p>
Hier folgt schon gleich das letzte Wort unseres Dokuments, das <a name="Ziel"> Seitenende. </a> </p>
</body>
</html>
```

Wie Sie in der folgenden Abbildung 5.1 sehen, ist das Ziel als solches für den Betrachter nicht sichtbar.

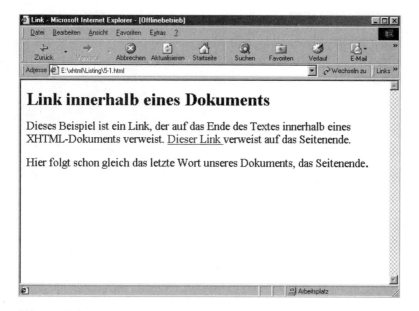

Abb. 5.1: Link innerhalb eines Dokuments

Links innerhalb der Web-Site

Kommen wir nun zu der am einfachsten zu realisierenden Art von Links, es handelt sich dabei um solche, die andere Dokumente im selben Verzeichnis desselben Servers als Ziel haben. Dies ist auch die häufigste Anwendung von Links, sie dient zum Durchblättern innerhalb einer Web-Site.

Die Syntax

Einfacher ist dies, weil Sie kein Ziel definieren müssen. Es muss nur der Link definiert werden, wobei dies nach der gleichen Syntax funktioniert.

```
<a href="n"> Text </a>
```

Nur wird hier n durch den Namen des zu ladenden XHTML-Dokuments ersetzt, und die vorangestellte Raute wird nicht benötigt.

In einen Quelltext implementiert sieht das so aus:

```
<?xml version="1.0"?>
<!DOCTYPE html PUBLIC "-//W3C//DTD XHTML 1.0 Strict//EN"
"DTD/xhtml1-strict.dtd">
<html xmlns="http://www.w3.org/1999/xhtml" xml:lang="en"
lang="en">
 <head>
 <title> Link 2 </title>
 </head>
 <body>
 <h2> Ein Link </h2>
Der folgende Link verweist auf ein XHTML-Dokument, das sich im selben Verzeichnis befindet wie dieses hier. Hier folgt der
<a href="ziel.html"> Link </a>.
 </body>
</html>
```

Abbildung 5.2 zeigt Ihnen, wie dieser Quelltext im Browser erscheint.

Abb. 5.2: Link auf ein anderes Dokument

Wird der Link nun ausgeführt, dann wird das angegebene Dokument in das Browserfenster geladen.

Link auf bestimmte Stellen anderer Dokumente

Das Wissen aus dem bisher Kennengelernten erlaubt es Ihnen auch, auf bestimmte Stellen eines anderen Dokuments zu verweisen. Dazu wird dann der *Zielanker* im Zieldokument an die gewünschte Stelle gesetzt. Im Ausgangsdokument wird dann bei der Definition des Links neben dem Zieldokument auch noch der Name des Ziels in der bekannten Syntax angegeben.

5.3 Links im Web

Sie können nicht nur lokale Links definieren, darüber hinaus können Sie natürlich noch Links auf Dokumente legen, die sich in anderen Verzeichnissen befinden oder sogar auf anderen Servern irgendwo auf der Welt.

Link in ein anderes Verzeichnis

Das Prinzip ist immer das gleiche, es muss lediglich auf die richtige Adressierung geachtet werden. Dabei müssen Sie beachten, dass die Schrägstriche in den Pfadangaben im Gegensatz zu dem, was bei einem DOS/Windows-PC üblich ist, nicht per Backslash gesetzt werden. Im WWW ist es üblich, an Stelle des Backslashs den normalen Schrägstrich, den Slash, zu verwenden.

```
<a href="http://www.kobert.de/test/ziel.html"> </a>
```

Link auf einen anderen Server

Die komplette Adresse muss bei Verweisen auf einen ganz anderen Server einschließlich des für die Übertragung benötigten Protokolls angegeben werden.

```
<a href="http://www.bhv.net"> </a>
```

Im folgenden Beispiel ist der Quelltext dahingehend abgeändert, dass der Link auf die Startseite des bhv-Servers verweist:

```
<?xml version="1.0"?>
<!DOCTYPE html PUBLIC "-//W3C//DTD XHTML 1.0 Strict//EN"
 "DTD/xhtml1-strict.dtd">
<html xmlns="http://www.w3.org/1999/xhtml" xml:lang="en" lang="en">
```

```
<head>
<title> Link 3 </title>
</head>
<body>
<h2> Link zu bhv </h2>
```
Besuchen Sie doch mal den bhv-Verlag im Web. Die Ausführung dieses <a href="http://www.bhv.net"> Links </a> verzweigt auf den Server von bhv.
```
</body>
</html>
```

An der Optik hat sich wenig geändert, lediglich bringt Ihnen der Link anstatt eines Ihrer Dokumente eine Verbindung zum bhv-Server.

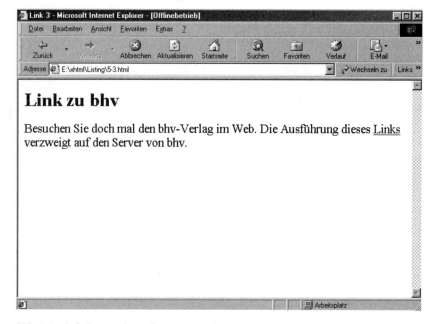

Abb. 5.3: Auf einen anderen Server verweisen

5.4 Links zu E-Mail

In vielen XHTML-Dokumenten ist die E-Mail-Adresse des Inhabers dieser Seite integriert. Dies ist auch ganz sinnvoll, da so der Besucher Ihrer Web-Site gleich Kontakt mit Ihnen aufnehmen kann.

Es handelt sich dabei um einen Link zu E-Mail. Wenn der Link aktiviert wird, startet das Programm zum Erstellen von E-Mails auf dem PC des Besuchers. Wenn die E-Mail dann geschrieben und abschickt ist, wird sie direkt an die angegebene E-Mail-Adresse geschickt.

Die Syntax

Um dies zu erreichen, setzen wir in einem Link den Wert `mailto:` ein.

```
<a href="mailto:Adresse"> Text </a>
```

Dabei wird `Adresse` durch die gewünschte E-Mail-Adresse ersetzt und `Text` durch den Text, der diesen Link beschriften soll. Beachten Sie unbedingt, dass Sie den Doppelpunkt nicht vergessen.

Wenn Sie das Ganze nun in einen Quelltext einbinden, sieht dieser folgendermaßen aus:

```
<?xml version="1.0"?>
<!DOCTYPE html PUBLIC "-//W3C//DTD XHTML 1.0 Strict//EN"
"DTD/xhtml1-strict.dtd">
<html xmlns="http://www.w3.org/1999/xhtml" xml:lang="en"
lang="en">
 <head>
 <title> E-Mail </title>
 </head>
 <body>
 <h2> E-Mail </h2>
Wenn Sie Probleme mit der Anzeige dieser Seiten haben, wenden Sie sich bitte per E-Mail an
```

```
<a href="mailto:info@kobert.de"> Thomas Kobert </a>.
</body>
</html>
```

Das Ergebnis zeigt Ihnen die Abbildung 5.4. Wird dort der Link ausgeführt, öffnet sich das Fenster zum Verfassen von E-Mails.

Abb. 5.4: Link zu E-Mail

5.5 Links zu anderen Internetdiensten

Sie haben aber noch viel mehr Verwendungsmöglichkeiten für Links. So können Sie Links zu allen Internetdiensten, ja sogar zu jeder irgendwo abgelegten Datei erstellen. Die Syntax ist dabei immer die gleiche wie schon innerhalb des WWW, lediglich das anzugebende Protokoll ändert sich.

In der Regel werden Sie die bisher kennen gelernten Möglichkeiten nutzen, die folgenden werden Sie seltener benötigen. Letztere werde ich deshalb immer nur ganz kurz erläutern und keine Beispiele bringen.

Gopher

Die Einbindung erfolgt folgendermaßen:

`<a href="gopher://name"> </a>`

Dabei wird `name` durch den Gopherserver ersetzt.

FTP

Die Einbindung erfolgt folgendermaßen:

`<a href="ftp://name"> </a>`

Dabei wird `name` durch den FTP-Server ersetzt.

Telnet

Die Einbindung erfolgt folgendermaßen:

`<a href="telnet://name"> </a>`

Dabei wird `name` durch den Telnetserver ersetzt.

Newsgroups

Die Einbindung erfolgt folgendermaßen:

`<a href="nntp://name"> </a>`

Dabei wird `name` durch den Newsserver ersetzt.

Links zu beliebigen Dateien

So können Sie im Prinzip auf jede beliebige Datei im Internet einen Link verweisen lassen. Neben dem Protokoll des jeweiligen Servers, auf dem die Datei liegt, müssen Sie dann noch die Adresse des Servers, den Verzeichnispfad und den Namen der Datei selber angeben. Das könnte z.B. so aussehen:

```
<a href="ftp://ftp.kobert.com/bilder/jpegs/bild.jpg"> </a>
```

Diese Datei lässt sich nun direkt im Browser betrachten. Wenn es sich dabei um eine Datei handelt, die der Browser nicht darstellen kann, hat der Betrachter die Möglichkeit, die Datei zu speichern oder sie gegebenenfalls mit einem externen Programm auszuführen.

Links auf ganz bestimmte Dateien sollten Sie allerdings nur setzen, wenn Sie erwarten, dass diese länger zur Verfügung stehen. Wenn die Datei nicht mehr vorhanden ist, erhält der Besucher Ihrer Web-Site eine Fehlermeldung – und das fällt negativ auf Ihre Web-Site zurück.

> **HINWEIS** Gerne verwendet werden Links zu bestimmten Dateien um z.B. Programme zum Download anzubieten.

5.6 Links in ein neues Browserfenster

Wenn Sie einen Link ausführen, dann wird dieser in der Regel im gleichen Browserfenster geladen, das Zieldokument legt sich über den aktuellen Fensterinhalt. Sie können aber auch ein neues Browserfenster öffnen lassen, in dem die neue Seite angezeigt wird.

Der Vorteil ist, dass Ihre eigene Web-Site dabei in einem Fenster stehen bleibt und so der Surfer jederzeit ganz leicht wieder zu ihr zurückfindet. Dazu wird dem Tag `<a>` noch ein Attribut zugewiesen, das Attribut `target`.

Die Syntax

Um einen Link in einem anderen als dem aktuellen Browserfenster darzustellen, verwenden wir das Attribut `target`, das einen Namen als Ziel enthält. Ist kein Browserfenster mit diesem Namen geöffnet, dann wird ein neues geöffnet und erhält dabei diesen Namen.

```
<a href="URL" target="name"> </a>
```

Dabei wird name durch den Namen ersetzt, den das neue Browserfenster haben soll. Dieser Name ist für den Betrachter im Browser nicht sichtbar, er dient nur der internen Zuweisung.

Um zu verhindern, dass in einer Liste mit Links für jedes jeweils ein neues Fenster geöffnet wird und der Computer dadurch Performance verliert, weisen Sie jedem Link das gleiche Browserfenster zu. Der folgende Quelltext verdeutlicht das Schema:

```
<?xml version="1.0"?>
<!DOCTYPE html PUBLIC "-//W3C//DTD XHTML 1.0 Strict//EN"
"DTD/xhtml1-strict.dtd">
<html xmlns="http://www.w3.org/1999/xhtml" xml:lang="en"
lang="en">
 <head>
 <title> Links </title>
 </head>
 <body>
<h2> Meine Links </h2>
<p>
<a href="http://www.bhv.net" target="Fenster"> bhv-Verlag </a>
</p>
<p>
<a href="http://www.netscape.com" target="Fenster"> Netscape </a> </p>
<p>
<a href="http://www.kobert.de" target="Fenster"> Kobert </a> </p>
 </body>
 </html>
```

Dieser Quelltext ergibt eine Liste, wie in Abbildung 5.5 zu sehen; werden die Links ausgeführt, verweisen sie alle in ein weiteres Browserfenster, das beim ersten Aufruf geladen wird, und danach werden nur noch die Dokumente hineingeladen.

> **HINWEIS**
> Hätten wir dem Attribut target jedes Mal unterschiedliche Namen gegeben, dann wäre immer jeweils ein neues Browserfenster geöffnet worden, wenn ein Link ausgeführt würde.

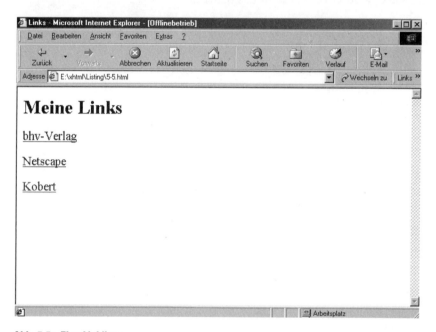

Abb. 5.5: Eine Linkliste

5.7 Zusammenfassung, Fragen und Übungen

Zusammenfassung

- ▶ Ein Link ist ein Verweis auf eine bestimmte Textstelle im Dokument oder ein anderes Dokument im WWW.
- ▶ Nicht nur Text kann als Link definiert werden, sondern ebenso auch Grafiken.
- ▶ Links gibt es auch zu anderen Internetdiensten oder einzelnen Dateien.
- ▶ Das Attribut `target` ermöglicht es ein Zieldokument in einem neuen Fenster zu öffnen.
- ▶ Das Attribut `href` dient dazu das Ziel eines Links anzugeben.
- ▶ Alle Links werden mithilfe der Tags `<a>` und `</a>` definiert.

Fragen und Übungen

1. Was macht man mit dem Attribut `target`?
2. Wozu dient das Attribut `href`?
3. Was muss man tun, um auf eine bestimmte Stelle im gleichen Dokument zu verweisen?
4. Wie realisiert man einen Link zur E-Mail-Adresse: *info@kobert.de*?
5. Welches Tag definiert einen Link?
6. Kann man Links zu EXE-Dateien (Programmen) erstellen?
7. Wie wird ein Link zu Gopher realisiert?

Grafiken und Bilder

XHTML 1.0

6 Grafiken und Bilder

Bis hierher können Sie schon ganz ansehnliche XHTML-Seiten erstellen. Allerdings bestehen diese nur aus Text. Eine Grafik oder ein Bild kann eine Seite optisch aufwerten und die Daten anschaulicher und leichter verständlich machen.

Wahrscheinlich hat gerade die Grafikfähigkeit von HTML und der vielfache Einsatz von Grafiken dazu geführt, dass das WWW kein Informationssystem für Wissenschaftler geblieben ist, sondern Informationsquelle für Millionen (Milliarden?) wurde.

Grafiken bringen auch Leben in die sonst oft triste Welt der Web-Sites, gerade der häufig schon fast zu massive Einsatz von Bildern und Grafiken hat den Boom des World Wide Web immer weiter vorangetrieben.

Das Einbinden von Grafiken in ein XHTML-Dokument ist äußerst einfach zu verwirklichen. Das Tag `<img />` bindet Grafikdateien in ein XHTML-Dokument ein. Neben einigen Grundlagen und Tipps zum Grafikeinsatz werden wir uns in diesem Kapitel mit den Möglichkeiten des Tags befassen.

6.1 Einbinden einer Grafik

Wenden wir uns zunächst der Praxis zu, damit Sie sofort loslegen können; die Grundlagen über Grafiken finden Sie am Ende des Kapitels. Wie bereits erwähnt, werden Bilder mithilfe des Tags `<img/>` in XHTML-Dokumente integriert. Bei dem Tag `<img />` handelt es sich um ein leeres XML-Element, es ist also ein Tag, das nicht durch ein zweites Tag geschlossen wird. Deshalb muss es durch einen Schrägstrich innerhalb der spitzen Klammern geschlossen werden.

Da die Grafiken auch in einem anderen Verzeichnis oder sogar auf einem anderen Server liegen können, muss die entsprechende URL in das Tag integriert sein. Einzig wenn die Grafikdatei im selben Verzeichnis auf demselben Server wie das XHTML-Dokument abgespeichert ist, kann darauf verzichtet werden.

Das Attribut `src` ermöglicht Ihnen die Angabe der URL und muss immer, auch wenn die Datei lokal vorliegt, angegeben werden.

Die Syntax der Einbindung lautet also:

```
<img src="URL/Dateiname" />
```

Dabei ist URL durch die URL, z.B. *http://www.kobert.de,* zu ersetzen und `Dateiname` durch den entsprechenden Dateinamen, wie z.B. *bild.gif.*

Lokale Grafiken

Insbesondere bei einfachen privaten Homepages befinden sich alle Dateien in einem Verzeichnis, auch die Grafikdateien. Dies ist die einfachste Form der Einbindung einer Grafik in Ihr XHTML-Dokument.

Sie brauchen dann nur den entsprechenden Dateinamen ohne Pfadangaben in das Tag `<img />` hinter das Attribut `src` einzufügen. Eine Seite, die nur eine Grafik mit dem Namen *BILD.GIF* und eine Überschrift abbilden soll, wird dann folgendermaßen verwirklicht:

```
<?xml version="1.0"?>
<!DOCTYPE html PUBLIC "-//W3C//DTD XHTML 1.0 Strict//EN"
"DTD/xhtml1-strict.dtd">
<html xmlns="http://www.w3.org/1999/xhtml" xml:lang="en"
lang="en">
  <head>
  <title> Bild einbinden </title>
  </head>
  <body>
```

```
<h3> Ein Bild auf unserer Seite ! </h3>
<img src="bild.gif" />
</body>
</html>
```

Das Ergebnis dieses Quelltextes sehen Sie in Abbildung 6.1.

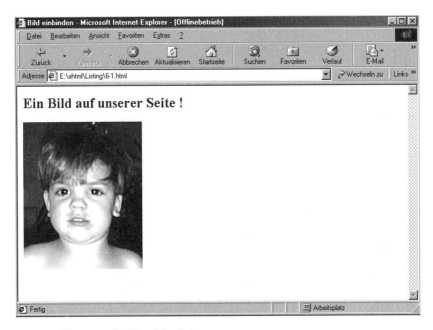

Abb. 6.1: Eine erste Grafik auf der Seite

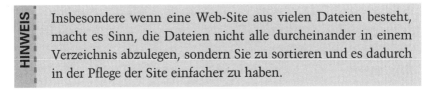

> **HINWEIS** Insbesondere wenn eine Web-Site aus vielen Dateien besteht, macht es Sinn, die Dateien nicht alle durcheinander in einem Verzeichnis abzulegen, sondern Sie zu sortieren und es dadurch in der Pflege der Site einfacher zu haben.

Grafikdateien werden meistens in einem besonderen Verzeichnis abgelegt. Nehmen wir einmal an, das Unterverzeichnis, in dem sich alle Grafikdateien befinden, heißt Pics und die XHTML-Datei befindet sich im Hauptverzeichnis, dann müssen Sie in unserem letzten Quelltext die Zeile:

`<img src="bild.gif" />`

durch die folgende ersetzen:

`<img src="Pics/bild.gif" />`

da immer der komplette Pfad angegeben werden muss.

Grafik von einem anderen Server

Die einzubindende Grafikdatei muss nicht auf Ihrer Web-Site verfügbar sein. Sie können diese von irgendwoher aus dem Netz einbinden. Sie müssen dazu lediglich die komplette URL kennen.

> **HINWEIS** Beachten Sie aber, dass Sie dann keinen Einfluss darauf haben, ob die Datei sich ständig auf diesem Server befindet. Vielleicht löscht sie der Webmaster ja bereits am nächsten Tag und auf Ihrer Seite ist sie dann auch nicht mehr zu sehen.

Wenn sich nun die gewünschte Datei mit dem Namen *bild.gif* auf einem ganz anderen Server befindet, z.B. unter der Adresse *http://www.kobert.de,* dann sieht die Einbindung folgendermaßen aus:

```
<?xml version="1.0"?>
<!DOCTYPE html PUBLIC "-//W3C//DTD XHTML 1.0 Strict//EN"
"DTD/xhtml1-strict.dtd">
<html xmlns="http://www.w3.org/1999/xhtml" xml:lang="en"
lang="en">
 <head>
 <title> Bild einbinden </title>
 </head>
 <body>
```

```
<h3> Ein Bild auf unserer Seite ! </h3>
<img src="http://www.kobert.de/bild.gif">
</body>
</html>
```

Da hier lediglich die Grafik von einer anderen URL geladen wird, ist die Darstellung natürlich die gleiche, wie bereits in Abbildung 6.1 gesehen.

Alternativtext

Manche Nutzer haben bei Ihren Browsern die Grafikdarstellung deaktiviert, umso schneller surfen zu können, da weniger Daten übertragen werden müssen.

Deshalb gibt es die Möglichkeit, einen Alternativtext anzugeben. Dieser erscheint dann, wenn die Grafik aus irgendeinem Grund, wie z.B. dem oben genannten, nicht dargestellt wird. Damit kann sich der Betrachter eine Vorstellung davon machen, was für eine Grafik dort abgebildet ist, und sie eventuell laden.

Ein weiterer wichtiger Aspekt ist der Einsatz von Grafiken als Links. Haben Sie eine Grafik als Link definiert (wie das geht, erfahren Sie weiter hinten im Kapitel), dann kann der Link nur ausgeführt werden, wenn eine Alternative zur Grafik vorhanden ist, in diesem Fall der Alternativtext.

In den neuen Web-Browsern hat der Alternativtext eine weitere Funktion: Wenn Sie mit dem Mauszeiger auf das Bild zeigen, erscheint eine Box mit dem Alternativtext darin. So können Sie dort auch weitere Informationen unterbringen.

Alternativtexte ermöglicht Ihnen der Einsatz des Attributs `alt`. Dazu geben Sie einfach den Alternativtext hinter dem Attribut in Anführungszeichen eingeschlossen an:

```
<img src="bild.gif" alt="Alternativtext" />
```

Grafiken und Bilder

Dabei wird `Alternativtext` durch den gewünschten Text ersetzt. Der nachfolgende Quelltext verdeutlicht dies an einem praktischen Beispiel, wobei unsere Grafik den Alternativtext `Mein Bild` erhält. In der Abbildung 6.2 sehen Sie, wie es aussieht, wenn der Browser eine Grafik darstellt.

Beachten Sie, dass direkt nach der Zeile mit dem Tag `<img />` ein Absatz mithilfe des Tags `<p>` eingefügt wurde, damit der nachfolgende Text nicht neben, sondern unter dem Bild beginnt.

Abb. 6.2: Alternativtext: Grafik sichtbar

```
<?xml version="1.0"?>
<!DOCTYPE html PUBLIC "-//W3C//DTD XHTML 1.0 Strict//EN"
"DTD/xhtml1-strict.dtd">
<html xmlns="http://www.w3.org/1999/xhtml" xml:lang="en"
lang="en">
  <head>
```

```
<title> Alternativtext </title>
</head>
<body>
<h1> Alternativtext </h1>
<img src="bild.gif" alt="Mein Bild" />
<p> Der Alternativtext ist nur zu sehen, wenn das Bild nicht sichtbar ist ! </p>
</body>
</html>
```

Sie sehen, dass der Alternativtext nicht zu sehen ist, da die Grafik ihn überlagert. Zum Vergleich finden Sie in Abbildung 6.3 das Erscheinungsbild, wenn der Browser keine Grafiken darstellt.

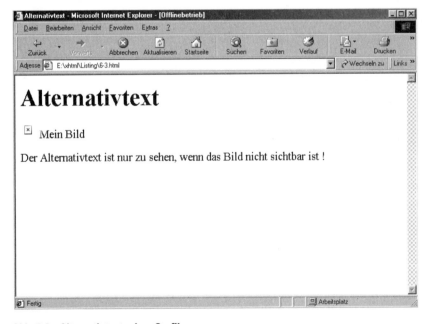

Abb. 6.3: Alternativtext: ohne Grafik

Ausrichten der Grafik

Wenn nichts anderes definiert wird, sind die Grafiken immer am linken Seitenrand ausgerichtet. Mithilfe des Attributs `align` haben Sie die Möglichkeit, Ihre Grafiken nach links oder rechts auszurichten, außerdem können Sie die Grafiken auch zentrieren. Dazu sieht XHTML die Werte `left`, `right` und `center` vor. Die Syntax der Anwendung sieht folgendermaßen aus:

`<img src="bild.gif" align="n" />`

Dabei wird für n entweder durch `left` für Ausrichtung am linken Rand, `right` für die Ausrichtung am rechten Rand oder `center` für die Zentrierung der Grafik verwendet.

```
<?xml version="1.0"?>
<!DOCTYPE html PUBLIC "-//W3C//DTD XHTML 1.0 Strict//EN"
"DTD/xhtml1-strict.dtd">
<html xmlns="http://www.w3.org/1999/xhtml" xml:lang="en"
lang="en">
 <head>
 <title> Bild ausrichten </title>
 </head>
 <body>
 <h3> rechts ausgerichtete Grafik </h3>
 <img src="bild.gif" align="right" />
 </body>
</html>
```

Dieser Quelltext stellt eine rechts ausgerichtete Grafik dar, wie Sie in Abbildung 6.4 sehen können.

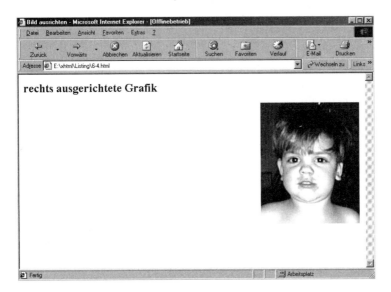

Abb. 6.4: Grafik rechts ausgerichtet

Beschriftung einer Grafik

Mit dem Attribut `align` können Sie nicht nur die Grafik ausrichten, es hat noch drei weitere Werte: `top`, `middle` und `bottom`, die zur Bildbeschriftung verwendet werden können.

Tatsächlich wird auch dadurch die Grafik ausgerichtet. Da dies jedoch relativ zur Grundzeile geschieht, ist die sichtbare Wirkung dann die Art der Beschriftung.

Der Einsatz von `align="top"` bewirkt, dass die Beschriftung oben neben der Grafik steht, `align="middle"` erzeugt eine Beschriftung neben der Grafik in der Mitte, und `align="bottom"` schließlich beschriftet die Grafik am unteren Ende.

Dabei wird der Text als Beschriftung verwendet, der direkt nach dem Tag `<img />` folgt. Erst mit Beginn des nächsten Absatzes wird der normale Text fortgesetzt. Das nachfolgende Beispiel demonstriert dies:

```
<?xml version="1.0"?>
<!DOCTYPE html PUBLIC "-//W3C//DTD XHTML 1.0 Strict//EN"
"DTD/xhtml1-strict.dtd">
<html xmlns="http://www.w3.org/1999/xhtml" xml:lang="en"
lang="en">
 <head>
 <title> Ausrichten der Bildbeschriftung </title>
 </head>
 <body>
 <h2> Bildbeschriftung </h2>
 <img src="bild.gif" align="top" />
 Diese Beschriftung ist oben ausgerichtet.
 <p> In einem neuen Absatz folgt dann der weitere Text. </p>
 </body>
</html>
```

In Abbildung 6.5 sehen Sie die Auswirkung des Attributs `align`, wenn Sie es zur Bildbeschriftung verwenden.

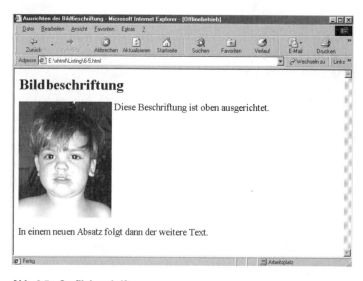

Abb. 6.5: Grafik beschriften

Rahmen für ein Bild

XHTML bietet Ihnen die Möglichkeit, Grafiken mit einem Rahmen zu versehen. Dazu existiert das Attribut `border`. Dieses Attribut wird innerhalb des Tags <img /> verwendet:

```
<img src="bild.gif" border="n" />
```

Dabei wird n durch eine Zahl ersetzt, die die Stärke der Linie um die Grafik in *Pixeln* angibt. Der nachfolgende Quelltext demonstriert Ihnen den Einsatz.

```
<?xml version="1.0"?>
<!DOCTYPE html PUBLIC "-//W3C//DTD XHTML 1.0 Strict//EN"
"DTD/xhtml1-strict.dtd">
<html xmlns="http://www.w3.org/1999/xhtml" xml:lang="en"
lang="en">
 <head>
 <title>
 </title>
 </head>
 <body>
<h1> Bilder mit Rahmen: </h1>
<img src="bild.gif" border="2" />
<img src="bild.gif" border="8" />
</body>
 </html>
```

Die Abbildung 6.6 zeigt Ihnen die Auswirkung verschiedener Rahmenstärken.

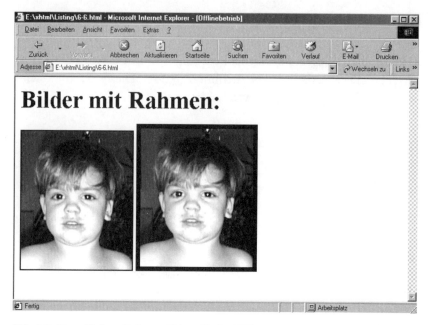

Abb. 6.6: Verschiedene Rahmenstärken für das Bild

> **HINWEIS** Eine schönere Darstellung erreichen Sie durch den Einsatz von Tabellen. Sie können damit den Abstand der Bilder genau bestimmen und auch Unterschriften exakt setzen. Tabellen werden in Kapitel 7 behandelt.

Unsichtbarer Rand

Mit den Attributen `hspace` und `vspace` haben Sie die Möglichkeit, quasi einen unsichtbaren Rand um eine Grafik zu legen. Diese Attribute definieren den Abstand, den Objekte zu dieser Grafik freihalten sollen. Dabei wird der Abstand, wie schon beim Attribut `border`, in Pixeln angegeben:

Abstand in horizontaler Richtung:

```
<img src="bild.gif" hspace="n" />
```

Abstand in vertikaler Richtung:

```
<img src="bild.gif" vspace="n" />
```

In beiden Fällen wird n durch eine Zahl ersetzt, die für die Anzahl der Pixel steht. Der nachfolgende Quelltext zeigt Ihnen den Einsatz dieses Attributs, wobei in horizontaler und in vertikaler Richtung jeweils ein Abstand von 15 Pixeln eingehalten werden soll:

```
<?xml version="1.0"?>
<!DOCTYPE html PUBLIC "-//W3C//DTD XHTML 1.0 Strict//EN"
"DTD/xhtml1-strict.dtd">
<html xmlns="http://www.w3.org/1999/xhtml" xml:lang="en"
lang="en">
 <head>
 <title> Unsichtbarer Rand </title>
 </head>
 <body>
<h3> Unsichtbarer Rand </h3>
<img src="bild.gif" hspace="15" vspace="15" />
 </body>
 </html>
```

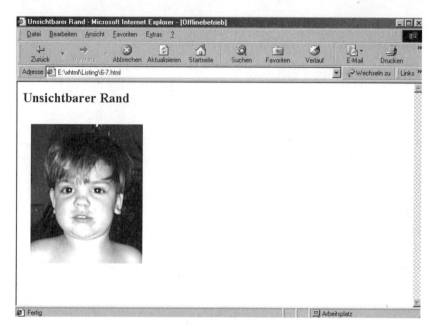

Abb. 6.7: Unsichtbare Ränder mit hspace und vspace

Grafiken skalieren

Sie können Ihre Grafiken mithilfe eines Tricks skalieren. Dieser Effekt kann mit den Attributen `height` und `width` erzielt werden. Gedacht sind die beiden Attribute jedoch dazu, die Größe der zu ladenden Grafik in Bildpunkten anzugeben, damit der Seitenaufbau von Anfang an korrekt ist und so die Seite bereits übersichtlich lesbar ist, bevor die gesamten Grafiken geladen sind.

> **HINWEIS** Wenn Sie andere Werte als die tatsächlichen angeben, dann sollten Sie darauf achten, dass die Seitenproportionen erhalten bleiben, da sonst die Darstellungsqualität darunter leidet.

Die Attribute sollen laut den Spezifikationen immer mit dem `<img />`-Tag verwendet und immer beide zusammen eingesetzt werden:

```
<img src="bild.gif" width="n" height="n" />
```

Dabei wird n in beiden Fällen durch die Anzahl der Pixel ersetzt.

Sie können die Bildgröße auch prozentual skalieren, also z.b. 200% angeben, um das Bild in doppelter Größe abzubilden, dabei muss dann der Wert beiden Attributen zugewiesen werden. Dies kann jedoch teilweise zu einer nicht korrekten Darstellung im Browser führen, abhängig davon, welchen Browser der Betrachter verwendet. Aus diesem Grund ist es besser auf diese Möglichkeit zu verzichten. Wenn Sie die Werte in Pixeln angeben, dann können Sie davon ausgehen, dass die Grafiken auch auf die angegebenen Größen vergrößert oder verkleinert werden.

Nachfolgend finden Sie noch ein Beispiel für den Einsatz der beide Attribute, bei dem eine Grafik je einmal vergrößert, normal und verkleinert dargestellt wird. Das Ergebnis zeigt Ihnen die Abbildung 6.8.

```
<?xml version="1.0"?>
<!DOCTYPE html PUBLIC "-//W3C//DTD XHTML 1.0 Strict//EN"
"DTD/xhtml1-strict.dtd">
<html xmlns="http://www.w3.org/1999/xhtml" xml:lang="en" lang="en">
 <head>
 <title> Bilder skalieren </title>
 </head>
 <body>
 <h1> Skalierte Bilder </h1>
 <img src="bild1.gif" width="300" height="243" />
 <img src="bild1.gif" width="200" height="162" />
 <img src="bild1.gif" width="100" height="81" />
 </body>
</html>
```

Auch wenn diese Vorgehensweise nach den Spezifikationen von XHTML 1.0 nicht korrekt ist, ist diese Möglichkeit der Grafikmanipulation dennoch weit verbreitet.

Abb. 6.8: Skalierte Grafiken

6.2 Grafiken als Links

Kommen wir nun noch einmal zum Thema Links, das wir bereits im letzten Kapitel behandelt haben. Ich habe dort auf die Möglichkeit hingewiesen, dass auch Grafiken als Links dienen können.

Durch das Verwenden von Grafiken als Links lassen sich besonders schöne Seiten erstellen. Dabei muss zwischen zwei Arten unterschieden werden. Zum einen können komplette Grafiken als Links definiert werden und zum anderen gibt es die *Imagemaps*, dort sind Grafikteile als Links definiert. Wenden wir uns zunächst den Links über komplette Grafiken zu.

Die Syntax

Was Sie für die Einbindung einer Grafik als Link wissen müssen, kennen Sie eigentlich schon, Sie wissen, wie ein Link definiert wird, und Sie wissen nun auch, wie eine Grafik eingebunden wird. Jetzt muss beides nur noch zusammengefügt werden.

Anstatt des Textes wird einfach die Grafik in Ihr Dokument eingebunden:

```
<a href="adresse">
<img src="name" />
</a>
```

Dabei wird, wie bereits bekannt, adresse durch die gewünschte Zieladresse ersetzt und name durch den Dateinamen der zu ladenden Grafik. Setzen Sie dies nun um:

```
<?xml version="1.0"?>
<!DOCTYPE html PUBLIC "-//W3C//DTD XHTML 1.0 Strict//EN"
"DTD/xhtml1-strict.dtd">
<html xmlns="http://www.w3.org/1999/xhtml" xml:lang="en" lang="en">
 <head>
 <title> Grafik als Link </title>
 </head>
 <body>
 <h3> Ein Grafiklink </3>
 <br />
 <a href="http://www.kobert.de">
 <img src="bild2.gif" />
 </a>
 <br />
 Klicken Sie auf die Grafik, um auf meine Web-Site zu gelangen.
```

```
</body>
</html>
```

Dieser Quelltext erzeugt ein XHTML-Dokument, das bei Mausklick auf das Bild, auf meine Web-Site verweist. Die Darstellung im Browser sehen Sie in Abbildung 6.9.

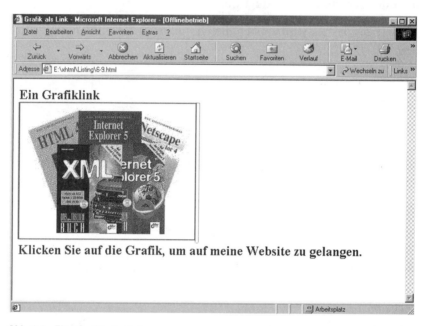

Abb. 6.9: Eine Grafik als Link

Wenn eine Grafik als Link eingesetzt wird, setzt der Browser automatisch einen Rahmen um die Grafik. Der Vorteil ist, dass dadurch diese Grafik sofort als Link erkennbar ist, allerdings kann sich das unter Umständen sehr unschön auf das Design auswirken.

Das Attribut `border`, das Sie in diesem Kapitel bereits kennen lernten, erlaubt es Ihnen, diesen Rand zu unterdrücken. Setzen Sie dazu den Wert für `border` auf Null.

Anwendungsbeispiele

Sie sehen, dass der Einsatz von Grafiken als Links sehr einfach ist. Nachfolgend finden Sie zwei der häufigsten Einsatzzwecke. Nutzen Sie doch diese Möglichkeit um Ihre Homepage professioneller aussehen zu lassen.

Thumbnails

Als *Thumbnails* werden verkleinerte Bilder bezeichnet, die in Originalgröße geladen werden, wenn man sie mit der Maus anklickt. Im WWW finden Sie Thumbnails oft auf Seiten, die Bilder zum Betrachten anbieten. Bei der Umsetzung eines Textes, der mit Grafiken versehen ist, bietet sich der Einsatz von Thumbnails ebenfalls an.

Die Seite ist wesentlich schneller aufgebaut, als wenn die Bilder in voller Auflösung sofort geladen werden. Der Betrachter entscheidet dann selber, welches Bild er genau ansehen möchte.

Abb. 6.10: Thumbnails

Damit das so funktioniert, benötigen Sie zwei Versionen der Bilder; zum einen den Thumbnail mit geringer Auflösung (und Dateigröße) und zum anderen das Bild in Originalgröße.

Beim Aufruf der Seite werden zunächst die kleineren Thumbnails geladen, und nur die Bilder, die der Betrachter im Detail sehen möchte, werden dann in voller Größe geladen. Dazu verzweigt der Link dann direkt auf die Grafikdatei, deshalb sollten Sie dies nur mit Grafiken machen, die der Browser auch anzeigen kann (JPG oder GIF).

Schaltflächenlook

Eine weitere Möglichkeit ist der Einsatz von Grafiken, die wie Schaltflächen aussehen. Diese kleinen Grafiken werden im professionellen Bereich gerne für Links eingesetzt. Dabei werden die Grafiken in Form von *Buttons* oder kleinen ellipsenförmigen Flächen verwendet.

Der Einsatz von solchen Grafiken wirkt innerhalb des Seitenlayouts oft sehr gut; da die meisten Besucher einer Webpage mit dem Umgang von Schaltflächen vertraut sind, bedienen sie die Links dieser Seite dann ganz intuitiv.

6.3 Imagemaps

Obwohl bereits seit HTML 3 die Möglichkeit besteht, *Client-Side-Imagemaps* zu definieren, haftet Imagemaps immer noch das Vorurteil an, sie seien nur mit CGI-Erfahrung zu realisieren.

Früher war dies so, Imagemaps waren nur mithilfe eines CGI-Scripts auf dem Server ausführbar, heute können Sie jedoch auch mit reinem XHTML realisiert werden. Diese Möglichkeit wird im folgenden näher erläutert.

Was sind Imagemaps?

Imagemaps sind zunächst einmal Grafiken. Bestimmte Bereiche dieser Grafiken sind als *Hot-Spots* definiert.

Ein Imagemap kann mehrere Hot-Spots enthalten und ein Hot-Spot kann verschiedene Formen haben; möglich sind ovale und eckige Formen. Der Hot-Spot ist anklickbar und durch das Anklicken wird meist einem Link gefolgt. Möglich sind aber auch andere Optionen, wie z.B. der Start eines CGI-Scriptes.

Wenn der Mauszeiger über einen Hot-Spot bewegt wird, dann ändert sich dessen Form, meist vom Pfeil in die Form einer Hand. Dadurch wird dem Besucher Ihrer Web-Site sofort klar, wo ein Hot-Spot ist. Sie können sich sicher denken, dass gerade diese Form der Links ein besonders ansprechendes Seitenlayout ermöglicht.

Wie ist ein Imagemap aufgebaut?

Als Erstes muss die Grafikdatei, wie bereits im Abschnitt »Einbinden einer Grafik« besprochen, in das Dokument eingebunden werden, indem die Grafik mithilfe des Tags `<img/>` unter Angabe der Quell-URL definiert wird.

Die Definition des Imagemaps wird der Grafik mithilfe des Attributs `usemap` zugeordnet.

Diese Definition eines Imagemaps wird danach noch zwischen die Tags `<map>` und `</map>` gesetzt. Definiert werden dann innerhalb dieser Tags die Hot-Spots durch das Tag `<area>`.

Die Zuordnung eines Bilds

Dem Tag <map> muss mit dem Attribut name der Name für das Imagemap zugewiesen werden. Der gleiche Name muss auch beim Tag <img /> mit dem Attribut usemap angegeben werden. Dadurch wird festgelegt, dass die Grafik und die Imagemapdefinition zusammen gehören.

```
<map name="Test"> </map>
<img src="Test.gif" usemap="#Test">
```

Beachten Sie bitte, dass die Angabe des Namens hinter dem Attribut usemap immer mit vorangestellter Raute erfolgen muss.

Die Definition des Hot-Spots

Die Definition des Hot-Spots erfolgt nun mithilfe des Tags <area> zwischen den Tags <map> und </map>. Dazu werden die drei folgenden Attribute dringend benötigt: shape, coords und href.

Das Attribut shape

Mit dem Attribut shape definieren Sie die Form des Hot-Spots. Dabei haben Sie die folgenden drei Möglichkeiten:

```
shape="rect"
```
ergibt ein Rechteck.
```
shape="poly"
```
ergibt ein Polygon.
```
shape="circle"
```
ergibt ein Rechteck.

Das Attribut coords

Mithilfe des Attributs `coords` werden die Koordinaten des Hot-Spots festgelegt.

Bei einem Rechteck werden die Koordinaten des linken oberen und des rechten unteren Punktes angegeben. Dies sind also vier Werte.

Bei einem Polygon müssen jeweils die Koordinaten der Ecken angegeben werden, da ein Polygon unterschiedlich viele Ecken haben kann. Die Anzahl der Werte richtet sich also nach der Anzahl der Ecken des Polygons.

Ein Kreis wird mit drei Werten definiert, die Koordinaten für den Mittelpunkt des Kreises und den Radius.

Das sieht dann zum Beispiel bei einem Polygon so aus:

`coords="30,34,56,78,23,89,66,39"`

> **HINWEIS** Das Festlegen der Koordinaten ist ohne Hilfsmittel sehr schwierig. Am besten arbeiten Sie mit einem Grafikprogramm, das Ihnen die Koordinaten anzeigt, um diese festzustellen.

Das Attribut href

Das bereits vom Tag `<a>` her bekannte Attribut `href` gibt das Ziel der Verknüpfung an, d.h., hier wird die Adresse, auf die nun gesprungen werden soll, angegeben. Die Möglichkeiten sind Ihnen ja bereits aus dem Kapitel »Hyperlinks« bekannt.

`href="Test.htm"`

Ein erstes Imagemap

Das folgende Beispiel soll Ihnen diesen recht komplexen Zusammenhang verdeutlichen, bevor wir tiefer in die Materie eindringen. In diesem Beispiel habe ich ein Rechteck definiert, das einen Verweis auf meine Web-Site (*www.kobert.de*) ausführt, wenn es angeklickt wird:

```
<?xml version="1.0"?>
<!DOCTYPE html PUBLIC "-//W3C//DTD XHTML 1.0 Strict//EN"
"DTD/xhtml1-strict.dtd">
<html xmlns="http://www.w3.org/1999/xhtml" xml:lang="en" lang="en">
 <head>
 <title> Ein Imagemap </title>
 </head>
 <body>
<h1> Ein Imagemap </h1>
<map name="web">
<area shape="RECT" coords="210,170,390,220" href="http://www.kobert.de">
</map>
<img width="500" height="245" src="bild3.gif" usemap="#web" />
 </body>
 </html>
```

Das Ergebnis dieses Quelltextes ist in der Abbildung 6.11 zu sehen. Rund um die Schrift *IMMER NOCH* ist nun ein Rechteck als Hot-Spot definiert, der bei Anklicken eine Verbindung zu meiner Web-Site herstellt.

Wenn nun mehrere Hot-Spots in dieses *Imagemap* integriert werden sollen, dann wird einfach für jeden Hot-Spot innerhalb der Tags `<map>` und `</map>` ein Mal das Tag `<area>` samt der benötigten Attribute angegeben.

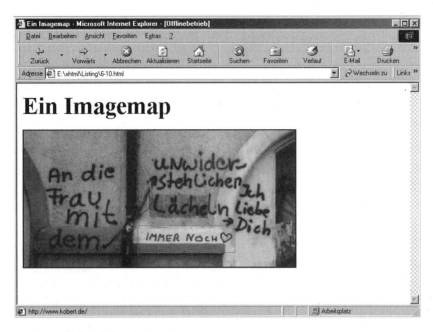

Abb. 6.11: Beispiel eines Imagemaps

6.4 Allgemeines zum Grafikeinsatz

Da es sinnvoll ist ein paar Grundlagen über Grafiken und deren Einsatz im WWW zu kennen, wenn Sie sie in XHTML-Dokumente einbinden möchten, werde ich Ihnen an dieser Stelle etwas Hintergrundwissen vermitteln, das Ihnen den Umgang mit Grafiken erleichtern soll. Wenn Sie bereits über Grundwissen in diesem Bereich verfügen, können Sie diesen Abschnitt einfach überspringen.

Was sind JPG, PNG, GIF und BMP?

Grafiken können in verschiedenen Formaten abgespeichert werden, das ist sozusagen die Art und Weise, wie die Informationen des Bildes kodiert sind. Äußerlich erkennen Sie an der Dateiendung (z.B. JPG), um welchen Dateityp es sich handelt.

Es gibt eine ganze Reihe von Grafikformaten, wenige sind weit verbreitet, und jeder Windows-Anwender kennt das *BMP-Format*. Allerdings ist dieses Dateiformat für uns im Internet ziemlich uninteressant, da es lediglich vom Internet Explorer unterstützt wird.

Ebenfalls betrachten wir nicht das *PNG-Format*, das zwar im Web auf dem Vormarsch ist, aber noch lange keine relevante Größe darstellt. Die zwei Dateiformate, die für Grafiken im Internet am interessantesten sind, sind das *GIF-Format* und das *JPEG-Format*.

Das JPEG-Format

Das eine wichtige Dateiformat für Grafiken im Internet ist das JPEG-Format. Dateien dieser Art können sowohl die Endung JPEG als auch die häufiger anzutreffende Endung JPG haben. Unter Windows 95/98 oder UNIX wäre eine Endung mit vier Buchstaben möglich, insbesondere DOS-Betriebssysteme haben damit jedoch ihre Probleme, deshalb hat sich JPG als Endung etabliert.

JPEG ist die Abkürzung für **J**oint **P**hotographic **E**xperts **G**roup und wurde von der gleichnamigen Arbeitsgruppe zu Beginn der neunziger Jahre entwickelt. Ziel dieser Entwicklung war es, auch Photos mit mehr als 256 Farben darstellen zu können, und das bei möglichst geringer Dateigröße.

Das JPEG-Dateiformat hat sich aufgrund der Möglichkeit, 16,7 Millionen Farben darstellen zu können und dennoch wenig Speicherplatz zu belegen, dann auch sehr schnell verbreitet. Die Akzeptanz ist genauso groß wie bei *GIF-Dateien*.

Die Art und Weise, wie bei JPEG komprimiert wird, ist interessant, Unterschiede im Bild, die das Auge sowieso nicht wahrnimmt, werden weggelassen. Dadurch wird Speicherplatz gespart, allerdings erscheint je nach Kompressionsstärke das Bild unter Umständen unscharf.

Das GIF-Format

Bereits Ende der achtziger Jahre wurde das *Grafics Interchange Format*, wie *GIF* ausgeschrieben heißt, von *CompuServe* eingeführt. GIF ist damit, unter den heute noch verwendeten, eines der ältesten Grafikformate. Mit Grafiken im *GIF-Format* werden Sie mit Sicherheit keinerlei Probleme bekommen, jeder grafikfähige Browser kann dieses Dateiformat darstellen.

Grafiken im GIF-Format sind auf 256 Farben beschränkt, was für den Anwendungszweck WWW allerdings auch ausreichend ist. Lediglich bei Darstellung von Fotos wird ein Qualitätsnachteil gegenüber 16,7 Millionen Farben sichtbar sein, der allerdings so gering ist, dass er z.b. bei Landschaftsbildern oder Gebäuden nicht auffällt.

Die aktuelle Version dieses Grafikdateiformats ist die Version *GIF89a*, die sich gegenüber älteren Versionen durch eine höhere Kompression der Daten auszeichnet, was eine schnellere Übertragung der Bilddaten mit sich bringt.

Zusätzlich lässt sich auch eine Farbe als transparent angeben, sodass sich gerade für XHTML-Dokumente äußerst interessante Möglichkeiten eröffnen. Mehr zu den so genannten *Transparent-GIFs* erfahren Sie weiter hinten in diesem Abschnitt.

Außerdem unterstützt *GIF89a* das so genannte *animated GIF*, dies sind Animationen im GIF-Format. Dabei werden, mit speziellen Programmen, aus Einzelbildern Animationen zusammengesetzt. Wenn ein Programm diese Animation nicht unterstützt, wird immer das erste Bild angezeigt.

Dateien im GIF-Format werden auch sehr gerne für Logos in wenigen Farben eingesetzt, da dieses Format auch eine Reduktion der Farben vorsieht und so die Grafikdateien noch kleiner gehalten werden können.

Durchdachter Grafikeinsatz

Aus dem oben Gehörten ergibt sich die Konsequenz, für unterschiedliche Grafiken das jeweils bessere Format einzusetzen. Es lässt sich folgende Faustformel aufstellen:

> **HINWEIS** Logos und Grafiken mit wenig Farben im GIF-Format verwenden, Fotos in hoher Qualität im JPEG-Format verwenden.

Dies trifft in der Regel zu, es gibt natürlich auch Ausnahmen.

Da der Text einer Seite wesentlich schneller geladen ist als eine Grafik, sollten Grafiken sehr gezielt eingesetzt werden. Der Vorteil von Grafiken liegt auf der Hand, sie können Ihre Seiten optisch aufwerten und gegebenenfalls Textaussagen unterstreichen.

Allerdings sollten Sie sich wirklich vor XHTML-Dokumenten hüten, die mit Grafiken überladen sind, zumindest, wenn das Dokument einmal eine Seite im WWW werden soll. Im *Intranet* ist dies nicht so von Bedeutung. Man kann es nicht oft genug wiederholen, kein Surfer wartet Minuten, bis eine Seite aus dem WWW aufgebaut ist.

Deshalb ist es sinnvoll, dass Sie Ihre Bilder entsprechend mit einem Grafikprogramm nachbearbeiten, damit die Dateigröße möglichst klein ist.

Verwenden Sie bei Bildern im GIF-Format die *Interlaced-Technik*. Dabei wird das Bild Schicht für Schicht aufgebaut, sodass der Betrachter schon lange vor Ende des Ladevorgangs das Bild schemenhaft erkennen kann. Mehr dazu erfahren Sie am Ende dieses Kapitels.

Aufbauzeiten können Sie auch sparen, indem Sie die bereits erwähnten *Thumbnails* verwenden. Das sind ganz kleine Bilder, die folglich auch sehr schnell geladen sind. Diese Bilder werden mit einem Link versehen, der dann das Bild in voller Größe lädt.

Copyright von Bildern

Zur Verwendung von Grafiken und Bildern ist noch etwas anzumerken. Normalerweise unterliegen Bilder einem Copyright, d.h., irgend jemand hat die Rechte an diesem Bild. Sie dürfen also nicht einfach irgendwelche Bilder von anderen Web-Sites laden und bei sich ins Dokument einbinden, sondern in der Regel müssen das Ihre eigenen Bilder sein. Natürlich können Sie beim Inhaber des Copyrights auch anfragen, ob Sie das Bild verwenden dürfen; innerhalb des World Wide Web ist dies oft kein Problem. Schicken Sie dem Webmaster dazu am besten einfach eine Anfrage per E-Mail.

Die Sache mit der Auflösung

Als *Auflösung* einer Grafik wird die Anzahl der *Bildpunkte*, auch *Pixel* genannt, bezeichnet. Dabei wird Bildhöhe mal Bildbreite angegeben. So hat ein Bild mit der Auflösung 640 x 480 = 307 200 Bildpunkte bzw. Pixel.

Man sagt dann allerdings nicht, die Grafik hat eine Auflösung von 307 200 Bildpunkten, sondern die Auflösung beträgt 640 x 480 Bildpunkte. Durch diese Art der Angabe wird dann auch gleich das Ausmaß in Höhe und Breite des Bildes mit angegeben. Da für jedes Pixel eines Bildes Informationen abgespeichert werden müssen, braucht ein Bild umso mehr Speicherplatz, desto höher die Auflösung ist.

Deshalb empfiehlt es sich, die Auflösung im WWW immer möglichst niedrig zu wählen. Je niedriger die Auflösung ist, umso schlechter wird dann allerdings auch das Bild, bei gleicher Absolutgröße.

Sie sollten eine Grafik immer so nachbearbeiten, dass sie nur in der Größe vorliegt, in der sie benötigt wird. So erhalten Sie immer das Optimum an Qualität bei möglichst geringen Dateigrößen.

Transparente Grafiken

Transparente Grafiken sind ein Mittel, das hervorragend geeignet ist, Ihr XHTML-Dokument optisch aufzuwerten. Dazu benötigen Sie ein Grafikprogramm, das transparente Grafiken im GIF-Format bearbeiten kann, wie z.B. PaintShop Pro (*http://www.jasc.com*), das als Shareware erhältlich ist.

Dazu wird die Hintergrundfarbe des Bildes als transparent definiert, sodass lediglich das abzubildende Objekt sichtbar ist. Wenn Sie nun noch eine Hintergrundgrafik verwenden, entsteht der Eindruck, als ob das Objekt direkt darauf läge.

Abb. 6.12: Bei dieser Grafik ist der Hintergrund transparent.

Interlaced Gif

Interlaced-Gif-Bilder sind Bilder, die nicht Stück für Stück von oben nach unten aufgebaut werden, sondern hier wird die Grafik zuerst in sehr grober Auflösung und dann immer feiner geladen.

Der daraus resultierende Vorteil ist, dass das Bild sehr schnell soweit aufgebaut ist, dass man es frühzeitig erkennen kann. Der gesamte Ladevorgang verkürzt sich dadurch allerdings nicht.

Um eine Grafik in *Interlaced Gif* darzustellen, muss sie in diesem speziellen Format abgespeichert sein. Das können Sie zur Zeit noch mit recht wenigen Bildbearbeitungsprogrammen machen, aber im Sharewarebereich gibt es auch spezielle Konvertierungsprogramme.

6.5 Zusammenfassung, Fragen und Übungen

Zusammenfassung

- ▶ Das Tag `<img />` dient zur Einbindung von Grafiken in Ihre XHTML-Dokumente.

- ▶ Das `<img />` Tag ist ein so genanntes leeres Element, es ist allein stehend und wird nicht durch ein zweites Tag geschlossen.

- ▶ Große Grafiken verlängern die Übertragungsdauer des Dokuments.

- ▶ Grafiken können auf verschiedene Art beschriftet werden.

- ▶ Die Grafikformate GIF und JPEG sind die am meisten verbreiteten Formate im WWW.

Zusammenfassung

▶ Transparente Grafiken erlauben interessante Effekte in Ihrem Dokument.

▶ Grafiken können auch als Links definiert werden.

▶ Imagemaps sind eine besonders interessante Art, Grafiken als Links zu verwenden.

Fragen und Übungen

1. Warum sollten Sie Bilder in Ihrem Dokument nicht skalieren?

2. Was ist hier falsch?

   `<img "bild.gif" width="234" height="344" />`

3. Welches Attribut ermöglicht es, einer Grafik einen Rahmen zu geben?

4. Wo muss ich eine Grafik abspeichern, die zu einem XHTML-Dokument gehört?

5. Wie richte ich eine Grafik am rechten Rand aus?

6. Wo wird die Grafik ausgerichtet, wenn ich keine Ausrichtung definiere?

7. Was ist eine transparente Grafik?

8. Was ist ein Hot-Spot?

9. Welche Tags müssen Sie einsetzen, um ein Imagemap zu definieren?

7 Tabellen

XHTML 1.0

7 Tabellen

Tabellen sind ein wichtiges Thema innerhalb von XHTML, da sie ein perfektes Layout ermöglichen. Deshalb kommt kein Webdesigner um den Einsatz von Tabellen herum. Dieses Kapitel zeigt Ihnen, wie Sie Tabellen erstellen können.

Der eigentliche Sinn des Tags `<table>` lag darin, übersichtliche Tabellen auf Web-Sites zu ermöglichen. So bietet dieses Tag die Möglichkeit, insbesondere geschäftliche Seiten übersichtlicher zu gestalten.

Mangels fehlender sonstiger Layoutmöglichkeiten entwickelten sich Tabellen sehr schnell zu einem der meistgenutzten Tags bei der Erstellung von Web-Sites. Bei ausgeschaltetem Tabellenrahmen ermöglichen sie das genaue Positionieren von Text und Bildern in Spalten.

Die Layoutmöglichkeiten der Webdesigner sind durch die Einführung von Tabellen in HTML enorm gestiegen. Inzwischen gibt es durch Style Sheets weitere Möglichkeiten, das Seitenlayout professionell zu gestalten. Mehr über Style Sheets erfahren Sie in Kapitel 10.

7.1 Eine Tabelle erstellen

In XHTML wird eine Tabelle mit dem Tag `<table>` geöffnet und mit dem Tag `</table>` geschlossen. Zwischen diesen Tags werden die einzelnen Reihen einer Tabelle mit dem Tag `<tr>` geöffnet und mit `</tr>` geschlossen. Die einzelnen Zellen dieser Reihe werden dann dazwischen mit dem Tag `<td>` geöffnet und mit `</td>` geschlossen. So können Sie dann eine Tabellenreihe nach der anderen erstellen.

Das folgende Beispiel zeigt Ihnen zur Verdeutlichung eine einfache Tabelle. Dabei wird das Attribut `border` innerhalb des Tags `<table>` verwendet. Dieses Attribut definiert den Rahmen um eine Tabelle (mehr darüber im Abschnitt »Der Tabellenrand« weiter hinten in diesem Kapitel).

Eine einfache Tabelle ist schnell erstellt:

```
<?xml version="1.0"?>
<!DOCTYPE html PUBLIC "-//W3C//DTD XHTML 1.0 Strict//EN"
"DTD/xhtml1-strict.dtd">
<html xmlns="http://www.w3.org/1999/xhtml" xml:lang="en"
lang="en">
 <head>
 <title> Tabelle </title>
 </head>
 <body>
<table border="2">
 <tr>
 <td> Beispiel einer Tabelle </td>
 <td> Dieses Beispiel hat zwei Zellen in einer Reihe. </td>
 </tr>
</table>
</body>
</html>
```

Dies ergibt eine zweispaltige Tabelle mit einer Reihe, wie Sie es in Abbildung 7.1 sehen.

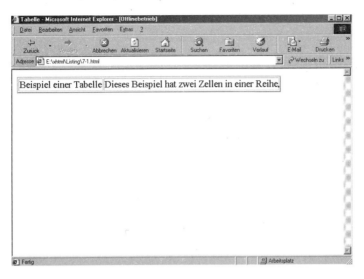

Abb. 7.1: Eine einfache Tabelle

Sie ahnen es sicher schon: Selbst kleine Tabellen können schnell verschachtelt und unübersichtlich werden, deshalb sollten sie vor Erstellung gut geplant werden.

Spalten mit <th> anstatt <td>

Sie können auch an Stelle des Tag <td> das Tag <th> verwenden, dann wird der Inhalt fett und in der Zelle zentriert ausgegeben, das ist besonders interessant, um Tabellen übersichtlicher zu formatieren.

Gedacht ist dies, um so genannte *Kopfzellen* zu erstellen, verwenden lässt sich dieses Tag jedoch immer, wenn Sie den Text in der Zelle hervorheben möchten. Die Handhabung von <th> ist identisch mit der von <td>, deshalb gehe ich darauf nicht weiter ein.

7.2 Überschrift einer Tabelle

Tabellen können auch mit Überschriften versehen werden. Tabellenüberschriften werden durch das Tag <caption> definiert, das innerhalb der Tags <table> und </table> eingesetzt wird. Dabei wird der Text der Überschrift zwischen die Tags <caption> und </caption> geschrieben.

<caption> Überschrift </caption>

Dabei wird Überschrift durch den gewünschten Text ersetzt. Die genaue Anwendung ergibt sich aus dem folgenden Quelltext, indem der kleinen Tabelle eine Überschrift hinzugefügt wird. Das Ergebnis ist in Abb. 7.2 zu sehen.

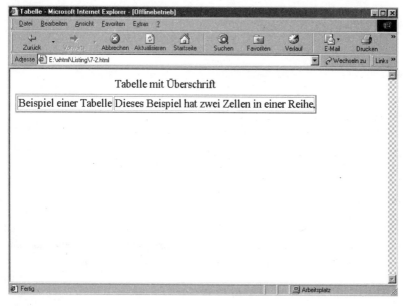

Abb. 7.2: Tabelle mit Überschrift

```
<?xml version="1.0"?>
<!DOCTYPE html PUBLIC "-//W3C//DTD XHTML 1.0 Strict//EN"
"DTD/xhtml1-strict.dtd">
<html xmlns="http://www.w3.org/1999/xhtml" xml:lang="en"
lang="en">
  <head>
```

```
<title> Tabelle </title>
</head>
<body>
<table border="2">
<caption> Tabelle mit &Uuml;berschrift </caption>
<tr>
<td>     Beispiel einer Tabelle </td>
<td> Dieses Beispiel hat zwei Zellen in einer Reihe. </td>
</tr>
</table>
</body>
</html>
```

Unterschrift einer Tabelle

Mithilfe des Attributs `align` können Sie aus der Überschrift eine Unterschrift machen. Setzen Sie dazu den Wert `align="bottom"` im Tag `<caption>`.

`<caption align="bottom">` Überschrift `</caption>`

Das folgende Beispiel erstellt Ihnen die bereits bekannte Tabelle mit einer Tabellenunterschrift. Neben der Definition der Tabellenunterschrift, ist auch die Tabelle etwas erweitert, da unser bisheriges Beispiel minimal war und der Praxis nicht allzu nahe.

```
<?xml version="1.0"?>
<!DOCTYPE html PUBLIC "-//W3C//DTD XHTML 1.0 Strict//EN"
"DTD/xhtml1-strict.dtd">
<html xmlns="http://www.w3.org/1999/xhtml" xml:lang="en" lang="en">
<head>
```

```
<title> Tabelle </title>
</head>
<body>
<table border="2">
<caption align="bottom"> Tabelle mit Unterschrift </caption>
<tr>
<td>Zelle 1, Reihe 1</td>
<td>Zelle 2, Reihe 1</td>
<td>Zelle 3, Reihe 1</td>
</tr>
<tr>
<td> Zelle 1, Reihe 2</td>
<td> Zelle 2, Reihe 2</td>
<td> Zelle 3, Reihe 2</td>
</tr>
</table>
</body>
</html>
```

Diese Tabelle, die Sie in der Abbildung 7.3 sehen, hat nun zwei Reihen mit jeweils drei Zellen.

 HINWEIS In die Felder einer Tabelle lässt sich nicht nur Text eintragen, sondern Sie können auch Bilder in den Feldern platzieren. Daraus ergeben sich dann interessante Layoutmöglichkeiten.

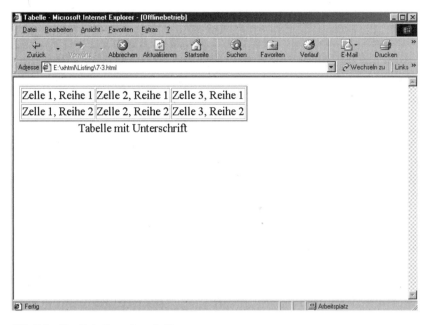

Abb. 7.3: Eine Tabellenunterschrift

Die Größe einer Tabellenzelle

Die Größe der Zellen einer Tabelle (Feldgröße) passt sich immer automatisch an den Inhalt an. Die Tabellenbreite können Sie mithilfe des Attributs `width` festlegen, sodass Sie bei Bedarf Einfluss auf die Tabellenbreite nehmen können.

Sie können `width` bei allen Zellen, die Sie mit <td> oder <th> erstellt haben, anwenden, und zwar sowohl als Absolutwert als auch in Prozent zur verfügbaren Breite des Browserfensters. Da Sie nicht wissen, welche Auflösung ein Betrachter Ihrer Seite für seinen Bildschirm festgelegt hat, ergeben sich daraus interessante Layoutmöglichkeiten.

Wenn Sie die Breite mit einem Absolutwert von 600 Pixeln definieren, ist bei einer Auflösung von 640x480 fast die gesamte Breite des Bildschirms damit gefüllt, bei 1024x768 dann nur noch weniger als die Hälfte des Bildschirms.

Wenn Sie aber als Breite 70% angeben, nutzt die Tabelle unabhängig von der Bildschirmauflösung 70% des Browserfensters. Natürlich sieht dann die Aufteilung innerhalb der Zellen anders aus.

Anpassen der Tabellenzellhöhe

Ein kleiner Trick liefert uns die Lösung, da hier kein Attribut zur Verfügung steht. Durch Eingabe des Entity für ein Leerzeichen ( ) und einer Absatzmarke mithilfe des Tagpaares <p> können Sie eine gewünschte Anzahl an Leerzeilen einfügen. So lässt sich die Höhe der Zellen auf die gewünschte Größe festlegen. Im folgenden Beispiel wird dies angewendet:

```
<?xml version="1.0"?>
<!DOCTYPE html PUBLIC "-//W3C//DTD XHTML 1.0 Strict//EN"
"DTD/xhtml1-strict.dtd">
<html xmlns="http://www.w3.org/1999/xhtml" xml:lang="en"
lang="en">
<head>
<title> Tabelle </title>
</head>
<body>
<table border="2">
<tr>
<td>Zelle 1, Reihe 1</td>
<td>Zelle 2, Reihe 1</td>
<td>Zelle 3, Reihe 1
  <p><p>
  <p><p>
</td>
```

```
</tr>
<tr>
<td> Zelle 1, Reihe 2</td>
<td> Zelle 2, Reihe 2</td>
<td> Zelle 3, Reihe 2</td>
</tr>
</table>
</body>
</html>
```

Wie in Abbildung 7.4 zu sehen, sind nun in der oberen Reihe zwei Leerzeilen eingefügt. Die Zellhöhe betrifft alle Zellen einer Reihe. Der Inhalt wird in den restlichen Zellen jedoch zentriert. Wenn Sie dies umgehen wollen, dann müssen Sie einfach in die anderen Zellen ebenfalls Leerzeichen einfügen. So lässt sich dann das Layout der Tabelle nahezu beliebig gestalten.

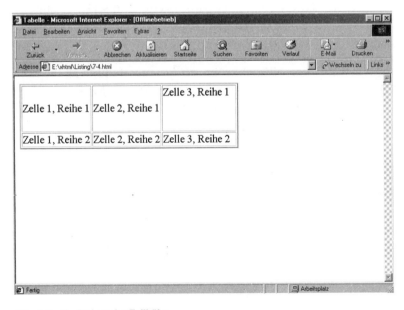

Abb. 7.4: Verändern der Zellhöhe

7.3 Der Tabellenrand

Zusammen mit dem Tag `<table>` haben wir immer das Attribut `border` verwendet. Dieses Attribut dient dazu, den Rand einer Tabelle festzulegen. Mit `border` definieren Sie die Stärke des Randes in Pixeln. Wenn diesem Attribut kein Wert zugeordnet wird, ist der Wert eins voreingestellt.

Wenn Sie das Attribut `border` völlig weglassen, dann ist der Tabellenrahmen nicht sichtbar. Dies ist auch der Grund, warum ich dieses Attribut von Anfang an einsetzte, denn sonst hätten Sie als Ergebnis der Quelltexte nichts gesehen.

In der Vergangenheit wurde oft der Wert für `border` auf Null gesetzt, um eine rahmenlose Tabelle zu erzeugen. Dies funktioniert jedoch nicht zuverlässig, sodass Sie am besten das Attribut `border` weglassen, wenn Sie eine rahmenlose Tabelle erzeugen möchten.

Oft wird das Attribut `border` auch ohne Werte eingesetzt. Dies funktioniert meist auch, jedoch ist dies nach den Spezifikationen nicht zulässig.

Hier bieten sich einige Möglichkeiten zur Seitengestaltung an. So können Sie damit zum Beispiel Bilderrahmen erzeugen oder Text einfach nur einrahmen. Probieren Sie das folgende Listing einfach mal aus, das Ergebnis sehen Sie in Abbildung 7.5.

```
<?xml version="1.0"?>
<!DOCTYPE html PUBLIC "-//W3C//DTD XHTML 1.0 Strict//EN"
"DTD/xhtml1-strict.dtd">
<html xmlns="http://www.w3.org/1999/xhtml" xml:lang="en"
lang="en">
 <head>
 <title> Tabelle </title>
 </head>
```

```
<body>
<table border="9">
<tr>
<td> <img src="bild4.gif" /> </td>
</tr>
</table>
<table border="4">
<tr><td> Und hier folgt dann z.B. Text. </td></tr>
</table>
</body>
</html>
```

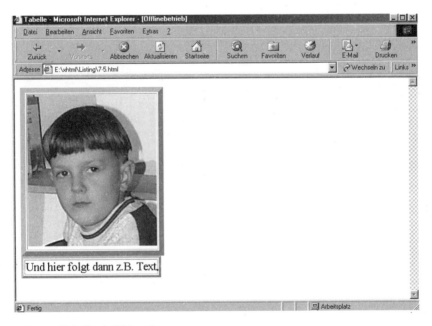

Abb. 7.5: Tabelle als Bilderrahmen

> **HINWEIS** Um nun zu verhindern, dass sich die Tabelle bei langem Text über die gesamte zur Verfügung stehende Breite ausdehnt, setzen Sie dort, wo der Text umgebrochen werden soll, das Tag `<p>` um einen neuen Absatz zu definieren.

Die Attribute cellpadding und cellspacing

Die beiden Attribute `cellspacing` und `cellpadding`, die beide innerhalb des Tags `<table>` eingesetzt werden, haben ebenfalls Auswirkungen auf das Erscheinungsbild des Rahmens. Das Attribut `cellspacing` dient dazu, den Abstand der Zellen zueinander einzustellen. Den Abstand des Zelleninhalts zum Zellenrand stellen Sie mit `cellpadding` ein.

```
<table cellspacing="n">
<table cellpadding="n">
```

Dabei wird in beiden Fällen n durch den entsprechenden Wert in Pixeln ersetzt.

Das nachfolgende Listing zeigt Ihnen die Auswirkung dieser beiden Attribute auf das Layout der Tabelle.

```
<?xml version="1.0"?>
<!DOCTYPE html PUBLIC "-//W3C//DTD XHTML 1.0 Strict//EN"
"DTD/xhtml1-strict.dtd">
<html xmlns="http://www.w3.org/1999/xhtml" xml:lang="en"
lang="en">
 <head>
 <title> Tabelle </title>
 </head>
 <body>
<table border="1" cellspacing="0" cellpadding="8">
  <caption> Cellpadding </caption>
<tr>
```

```
<td>Zelle 1, Reihe 1</td>
<td>Zelle 2, Reihe 1</td>
<td>Zelle 3, Reihe 1</td>
</tr>
<tr>
<td> Zelle 1, Reihe 2</td>
<td> Zelle 2, Reihe 2</td>
<td> Zelle 3, Reihe 2</td>
</tr>
</table>
<table border="1" cellspacing="8" cellpadding="0">
  <caption> Cellspacing </caption>
<tr>
<td>Zelle 1, Reihe 1</td>
<td>Zelle 2, Reihe 1</td>
<td>Zelle 3, Reihe 1</td>
</tr>
<tr>
<td> Zelle 1, Reihe 2</td>
<td> Zelle 2, Reihe 2</td>
<td> Zelle 3, Reihe 2</td>
</tr>
</table>
</body>
</html>
```

Im Browser betrachtet sehen Sie das Ergebnis dann in der Abbildung 7.6.

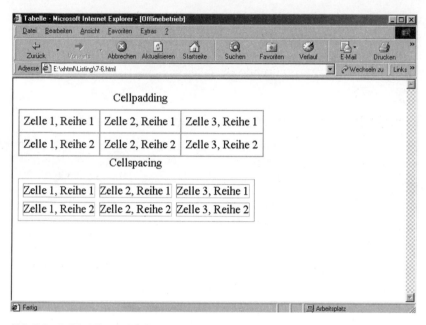

Abb. 7.6: Cellpadding und Cellspacing

7.4 Verbinden von Zellen

Bisher waren die erstellten Zellen alle symmetrisch zueinander, die Zellen, die nebeneinander und untereinander waren, hatten immer die gleiche Breite bzw. Höhe. Durch das so genannte *Spanning* können Sie Zellen miteinander verbinden, umso mehr Flexibilität in Ihre Tabellen zu bringen.

Die dazu benötigten Attribute rowspan und colspan werden innerhalb der Tags <td> oder <th> angewendet. Dabei wird die Anzahl der zu verbindenden Zellen angegeben.

```
<td colspan="n"> </td>
<td rowspan="n"> </td>
```

Dabei wird n durch die Anzahl der zu verbindenden Zellen ersetzt. Bei rowspan werden die darunter liegenden Zellen und bei colspan jeweils die rechts davon befindlichen verbunden. Etwas anschaulicher wird es durch das nachfolgende Beispiel, dessen Ergebnis Sie in Abbildung 7.7 sehen.

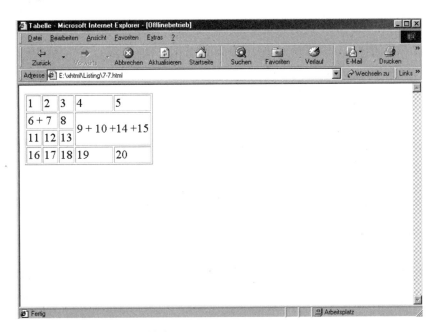

Abb. 7.7: Tabellenzellen verbinden

```
<?xml version="1.0"?>
<!DOCTYPE html PUBLIC "-//W3C//DTD XHTML 1.0 Strict//EN"
"DTD/xhtml1-strict.dtd">
<html xmlns="http://www.w3.org/1999/xhtml" xml:lang="en" lang="en">
<head>
<title> Tabelle </title>
</head>
<body>
```

```html
<table border="1" cellpadding="2">
<tr>
<td>1</td>
<td>2</td>
<td>3</td>
<td>4</td>
<td>5</td>
</tr>
<tr>
<td colspan="2">6 + 7</td>
<td>8</td>
<td colspan="2" rowspan="2">9 + 10 +14 +15</td>
</tr>
<tr>
<td>11</td>
<td>12</td>
<td>13</td>
</tr>
<tr>
<td>16</td>
<td>17</td>
<td>18</td>
<td>19</td>
<td>20</td>
</tr>
</table>
</body>
</html>
```

7.5 Farben in der Tabelle

Durch den Einsatz von Farben in Tabellen lassen sich diese übersichtlicher und auch auffälliger gestalten. Zu diesem Zweck existiert das Attribut `bgcolor`, das sowohl für die ganze Tabelle durch das Setzen im Tag `<table>` verwendet werden kann, als auch durch das Setzen im Tag `<td>` für einzelne Zellen verwendbar ist. In der Praxis sieht das dann so aus:

```
<?xml version="1.0"?>
<!DOCTYPE html PUBLIC "-//W3C//DTD XHTML 1.0 Strict//EN"
"DTD/xhtml1-strict.dtd">
<html xmlns="http://www.w3.org/1999/xhtml" xml:lang="en" lang="en">
<head>
<title> Tabelle </title>
</head>
<body>
<table bgcolor="#ff0000" border="1">
<caption> Farbige Tabelle </caption>
<tr>
<td>Zelle 1, Reihe 1</td>
<td>Zelle 2, Reihe 1</td>
<td>Zelle 3, Reihe 1</td>
</tr>
<tr>
<td> Zelle 1, Reihe 2</td>
<td> Zelle 2, Reihe 2</td>
<td> Zelle 3, Reihe 2</td>
</tr>
</table>
```

```
</body>
</html>
```

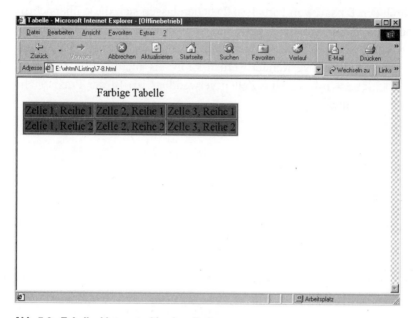

Abb. 7.8: Tabellenhintergrund in einer Farbe

Wie die Abbildung 7.8 zeigt, ist die gesamte Tabelle nun rot (sie sehen dies hier nur als Grauton), der Rand wie gehabt in Grau. Zur Veränderung der Farbe des Randes gibt es das Attribut bordercolor, das innerhalb des Tags <table> Verwendung findet.

```
<table bordercolor="Farbe">
```

Dabei wird Farbe durch einen gültigen *Farbnamen* oder den entsprechenden *Hexadezimalcode* ersetzt. Im Anhang finden Sie eine Liste mit einer Auswahl an gültigen Farbnamen. Das folgende Listing setzt nun einen farbigen Tabellenrahmen.

```
<?xml version="1.0"?>
<!DOCTYPE html PUBLIC "-//W3C//DTD XHTML 1.0 Strict//EN"
```

```
"DTD/xhtml1-strict.dtd">
<html xmlns="http://www.w3.org/1999/xhtml" xml:lang="en" lang="en">
 <head>
 <title> Tabelle </title>
 </head>
 <body>
<table bordercolor="#ff0000" border="1">
<caption> Farbiger Tabellenrahmen </caption>
<tr>
<td>Zelle 1, Reihe 1</td>
<td>Zelle 2, Reihe 1</td>
<td>Zelle 3, Reihe 1</td>
</tr>
<tr>
<td> Zelle 1, Reihe 2</td>
<td> Zelle 2, Reihe 2</td>
<td> Zelle 3, Reihe 2</td>
</tr>
</table>
</body>
</html>
```

In der Abbildung 7.9 sehen Sie nun die farbig eingerahmte Tabelle.

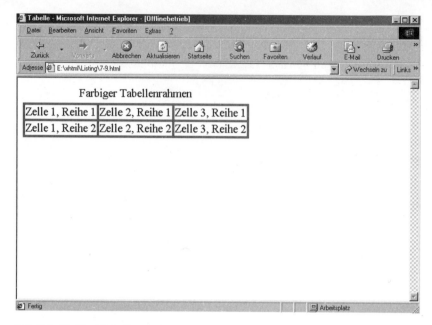

Abb. 7.9: Farbiger Tabellenrand

> **HINWEIS**
>
> Das Attribut `bordercolor` können Sie auch innerhalb des Tags `<td>` sowie der Tags `<tr>` und `<th>` verwenden, dann werden nur die so markierten Zellen oder Reihen farbig eingerahmt.

Farben einzelner Zellen

Durch den Einsatz von Hintergrundfarben lassen sich Tabellen übersichtlicher gestalten, z.B. lässt sich der Kontrast zwischen den einzelnen Tabellen erhöhen. Allerdings sollten Sie dabei logisch vorgehen und nicht nur versuchen, die Tabelle möglichst bunt darzustellen. Je höher der Kontrast zwischen der Schrift als Zellinhalt und dem Zellhintergrund ist, umso besser ist die Information später lesbar.

Um nur einzelne Zellen in der Farbe zu ändern, setzt man das Attribut `bgcolor` in das entsprechende Tag `<td>`:

```
<td bgcolor="Farbe">
```

Dabei wird `Farbe` durch den Farbnamen oder den Hexadezimalwert ersetzt. Nun setzen wir das Ganze im folgenden Beispiel um:

```
<?xml version="1.0"?>
<!DOCTYPE html PUBLIC "-//W3C//DTD XHTML 1.0 Strict//EN"
"DTD/xhtml1-strict.dtd">
<html xmlns="http://www.w3.org/1999/xhtml" xml:lang="en" lang="en">
 <head>
 <title> Tabelle </title>
 </head>
 <body>
<table border="1">
<caption> Einzelne farbige Zellen </caption>
<tr>
<td bgcolor="#ff0000">Zelle 1, Reihe 1</td>
<td>Zelle 2, Reihe 1</td>
<td bgcolor="#f0f0f0">Zelle 3, Reihe 1</td>
</tr>
<tr>
<td> Zelle 1, Reihe 2</td>
<td> Zelle 2, Reihe 2</td>
<td> Zelle 3, Reihe 2</td>
</tr>
</table>
</body>
</html>
```

Wie in Abbildung 7.10 zu sehen, ist nun die erste Zelle der oberen Reihe rot und die dritte Zelle der oberen Reihe weiß (Sie erkennen das im Buch nur an den Grautönen).

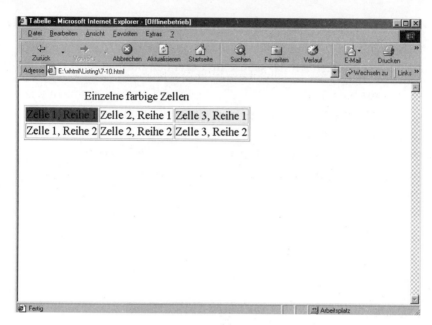

Abb. 7.10: Einzelne Tabellenzellen farbig

Wie schon erwähnt, Tabellen lassen sich auch hervorragend als Layouthilfe einsetzen. Zum Ende dieses Kapitels möchte ich noch kurz darauf eingehen und Ihnen demonstrieren, wie Sie Tabellen zum Spaltensatz verwenden können.

7.6 Tabellen als Layouthilfe

Tabellen zur Layouthilfe eingesetzt, bieten vor allem die Möglichkeit, in XHTML Spaltensatz zu verwirklichen. Aber auch ein genaues Positionieren von Texten und Grafiken ist dadurch möglich. Sie haben damit eines der mächtigsten Werkzeuge zur professionellen Seitengestaltung mit XHTML zur Hand.

Der häufigste Anwendungszweck für das Tag `<table>` im WWW ist mehrspaltiger Satz. Dabei erstellen Sie eine Tabelle mit einer Reihe und z.B. zwei oder drei Tabellenzellen nebeneinander, je nachdem, wie viele Spalten Sie setzen möchten.

> **HINWEIS** Bedenken Sie jedoch, dass aufgrund teilweise niedriger Bildschirmauflösungen zu viele Spalten die Seite unübersichtlich machen können. Als Faustregel hat es sich bewährt drei, maximal vier Spalten zu setzen.

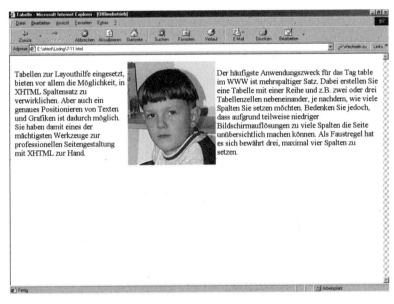

Abb. 7.11: Spaltensatz durch Tabellen

Das nachfolgende Listing zeigt Ihnen einen Text, der links und rechts von einer Grafik positioniert wurde. Dabei wurde das Attribut `border` weggelassen, damit kein Rand um die einzelnen Tabellenzellen sichtbar ist.

```
<?xml version="1.0"?>
<!DOCTYPE html PUBLIC "-//W3C//DTD XHTML 1.0 Strict//EN"
"DTD/xhtml1-strict.dtd">
```

```html
<html xmlns="http://www.w3.org/1999/xhtml" xml:lang="en" lang="en">
<head>
<title> Tabelle </title>
</head>
<body>
<table>
<tr>
<td>Diese Tabelle hat drei Spalten. Dieser Text befindet sich links des Bildes ...</td>
<td><img src="bild4.gif" width="237" height="271"></td>
<td>Und dieser Text befindet sich nun rechts des Bildes.</td>
</tr>
</table>
</body>
</html>
```

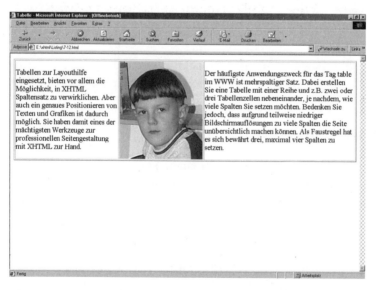

Abb. 7.12: Spaltensatz mit sichtbarem Rahmen

Abbildung 7.11 zeigt Ihnen ein Layout, das mit einer solchen Tabelle erstellt wurde; im Vergleich dazu zeigt Ihnen die Abbildung 7.12 wie das Layout mit Rahmen aussehen würde.

7.7 Zusammenfassung, Fragen und Übungen

Zusammenfassung

- Die Definition einer Tabelle wird zwischen die Tags <table> und </table> gesetzt.
- Die Tabelle lässt sich in ihrer Größe sowohl absolut als auch prozentual zum Browserfenster festlegen.
- Die Tabellenrahmenbreite kann beeinflusst werden.
- Tabellen werden auch als Layouthilfe eingesetzt.
- Durch unsichtbare Tabellenrahmen ist Spaltensatz möglich.
- Neben Tabellenüberschriften können Sie Tabellen auch mit Unterschriften versehen.
- Durch Spanning können Sie Tabellen asymmetrisch gestalten.
- Sie können Tabellen oder Teile davon farbig gestalten.

Fragen und Übungen

1. Was ist der Unterschied zwischen den Tags `<th>` und `<td>`?
2. Was ist `cellspacing` und was `cellpadding` ?
3. Nennen Sie die zwei Möglichkeiten, wie eine Tabelle am linken Rand ausgerichtet wird.
4. Was kann man mit einer Tabelle ohne sichtbaren Rahmen anfangen?
5. Was ist Spanning?
6. Welche Attribute werden für Spanning benötigt?
7. Wie wird eine einzelne Tabellenzelle farbig?
8. Und wie definiert man den Rahmen um eine Tabelle farbig?
9. Können auch Bilder in den Tabellen abgebildet sein?

8 Frames

XHTML 1.0

8 Frames

Frames haben in der letzten Zeit immer mehr an Bedeutung bei der Erstellung von Webpages gewonnen. Meist merkt es der Betrachter nicht einmal, wenn er eine Seite mit Frames betrachtet.

Was sind nun aber genau Frames? Wie alle Begriffe in XHTML kommt auch dieser aus dem Englischen und er hat mehrere Bedeutungen. Ein Frame kann ein Rahmen sein und *to frame* kann zusammenfügen bedeuten.

Beides ist hier richtig, es sind Rahmen, die mit Inhalten gefüllt werden, und diese Rahmen werden dann zusammengesetzt zu einer Web-Seite. Jeder Rahmen erhält einen Inhalt in Form eines eigenen XHTML-Dokuments.

8.1 Warum Frames?

Durch Frames lässt sich das Seitenlayout erheblich verbessern, so können Sie z.B. eine feste Navigationsleiste, die nicht jedes Mal wieder neu geladen werden muss, ebenso integrieren wie ein Logo, das dann auch nur einmal geladen werden muss. Das spart Übertragungszeiten und Ihnen als Inhaber eines WWW-Servers Transferkosten.

Nachteile von Frames

Allerdings gibt es auch Punkte, die gegen den Einsatz von Frames sprechen. So existieren auf den diversen Computern dieser Welt immer noch genügend Browser, die keine Frames interpretieren können. Darüber hinaus belasten Frames die Rechenleistung der Computer. Allerdings ist dies nur bei Computern relevant, die mit geringem Arbeitsspeicher ausgerüstet sind. Beide Punkte fallen aber ständig weniger ins Gewicht, da die Zeit dieses Problem löst.

Schwerwiegender ist das Argument der längeren Dauer des ersten Bildaufbaus, es müssen schließlich zwei, drei oder mehr XHTML-Dokumente geladen werden, bis das erste fertige Layout im Browser zu bewundern ist. Gerade bei den Ladezeiten hier in Deutschland kann so manchem Besucher Ihrer Web-Site der Spaß dann ganz schnell vergehen.

Darüber hinaus ist eine ansprechende Darstellung nur bei entsprechend hoher Bildschirmauflösung des Computers, auf dem der Web-Browser läuft, möglich. Das Problem von niedrigen Bildschirmauflösungen, bedingt durch kleine Monitore, löst allerdings auch die Zeit, da dies nur ältere Geräte betrifft.

Fazit

Die Umgebungsbedingungen für den Einsatz von *Frames* werden täglich besser: Die Computer werden ebenso wie das Internet selbst immer schneller und die Monitore größer. Wägen Sie also gut ab, ob Sie *Frames* einsetzen oder nicht. Es hängt natürlich auch sehr stark von der Zielgruppe ab, die Sie erreichen wollen, ob Sie *Frames* einsetzen sollten. Besteht diese z.B. aus Computerprofis, können Sie davon ausgehen, dass diese die modernste Hard- und Software haben und natürlich auch Web-Sites unter Einsatz modernster Tags erwarten. Wenden wir uns nun der Praxis zu.

8.2 Das Frameset

Besteht Ihre Seite aus zwei Frames, dann muss der Browser zwei XHTML-Dokumente in das Frameset laden, besteht sie aus drei Frames, dann folgen auch drei Dokumente usw. In jedes Frame muss ein XHTML-Dokument geladen werden.

Das Tag <frameset>

Damit der Browser die Frames aufbaut und die Inhalte lädt, wird zuerst ein XHTML-Dokument geladen, das die Informationen enthält, die zum Aufbau der *Frames* benötigt werden, das so genannte Frameset. Dazu sieht XHTML das Tag `<frameset>` vor. Die Definition der Frames steht dabei zwischen den Tags `<frameset>` und `</frameset>`:

```
<frameset> Definition der Frames </frameset>
```

Ein Frameset

Da die Definition des Frameset ein eigenes Dokument benötigt, sieht der Aufbau hier etwas anders aus als bei den anderen XHTML-Seiten. Das Tag `<frameset>` wird anstelle des Tags `<body>` verwendet und auch die Document Type Declaration (DTD) ist eine andere als bei »normalen« XHTML-Dokumenten. Zur Verdeutlichung dient Ihnen folgendes Beispiel:

```
<?xml version="1.0"?>
<!DOCTYPE html PUBLIC "-//W3C//DTD XHTML 1.0 Frameset//EN" "DTD/xhtml1-frameset.dtd">
<html xmlns="http://www.w3.org/1999/xhtml" xml:lang="en" lang="en">
 <head>
 <title> Frameset </title>
 </head>
<frameset>
Hier folgt dann die Definition der einzelnen Frames.
</frameset>
</html>
```

Eine Abbildung hierzu gibt es nicht, da Sie mit diesem Listing im Browser lediglich eine leere Seite sehen werden.

Der Rand eines Frames

Die einzelnen Frames eines Framesets können durch das Attribut `frameborder` einen Rahmen erhalten, der sichtbar oder unsichtbar sein kann. Fehlt das Attribut, dann stellen manche Browser den Rahmen dar, andere stellen ihn nicht dar. Die Konventionen von XHTML 1.0 verlangen den Einsatz des Attributs `frameborder`. Aus beiden Gründen sollten Sie also das Tag `<frameset>` nie ohne das Attribut `frameborder` verwenden.

`<frameset frameborder="n">` Definition der Frames `</frameset>`

Dabei kann `n` den Wert `0` oder den Wert `1` haben. Dabei entspricht `0` keinem Rand, und `1` entspricht einem sichtbaren Rand.

8.3 Die Aufteilung der Frames

Wie bereits gesagt, der letzte Quelltext würde lediglich ein leeres Browserfenster darstellen. Also wenden wir uns zunächst der Aufteilung des Fensters in einzelne Frames zu. Die Einteilung in die verschiedenen *Frames* geschieht mithilfe von zwei Attributen: `rows` und `cols`.

Das Attribut cols

Als Erstes werden wir nun das Fenster in zwei nebeneinander liegende *Frames* einteilen. Das geschieht unter Verwendung des Attributs `cols`. Die Einteilung kann entweder prozentual zur verfügbaren Fensterbreite vorgenommen werden oder absolut in Pixeln.

Die Angabe in prozentualen Werten hat natürlich den Vorteil, dass bei unterschiedlichen Auflösungen die Relation der *Frames* untereinander erhalten bleibt, also der optische Eindruck relativ konstant ist.

Eine Angabe in Pixeln hingegen hat wiederum den Vorteil, dass die

Größe eines Frames exakt definiert werden kann und somit *Scrollbalken* in der Darstellung vermieden werden.

Je nach Anwendung und Prioritäten in der Darstellung müssen Sie also von Fall zu Fall entscheiden, wie Sie die *Frames* definieren.

Der Einsatz des Attributs unter Verwendung prozentualer Werte sieht folgendermaßen aus:

```
<frameset cols="n%,n%"> </frameset>
```

Dabei wird n durch den gewünschten prozentualen Wert ersetzt.

Der Einsatz des Attributs unter Verwendung absoluter Werte sieht sehr ähnlich aus:

```
<frameset cols="n,n"> </frameset>
```

Dabei wird n durch den gewünschten absoluten Wert in Pixeln ersetzt.

Als Beispiel erstellen wir nun ein *Frameset*, das das Browserfenster in zwei *Frames* aufteilt, wobei die linke Hälfte 40% und die rechte Hälfte 60% der möglichen Breite beanspruchen.

```
<?xml version="1.0"?>
<!DOCTYPE html PUBLIC "-//W3C//DTD XHTML 1.0 Frameset//EN" "DTD/xhtml1-frameset.dtd">
<html xmlns="http://www.w3.org/1999/xhtml" xml:lang="en" lang="en">
 <head>
 <title> Frameset </title>
 </head>
<frameset frameborder=1 cols="40%,60%">
</frameset>
</html>
```

In Abbildung 8.1 sehen Sie, wie diese Datei im Browser aussieht; es ist ein leeres Fenster, das in zwei *Frames* unterteilt ist.

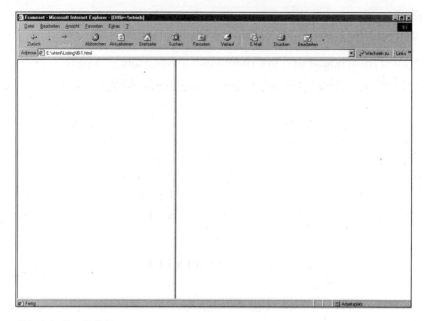

Abb. 8.1: Vertikale Frames

> **HINWEIS**
> Je nachdem, welchen Browser Sie zum Darstellen der obigen Beispiele verwenden, ist es möglich, dass Sie nichts zu sehen bekommen. Abhilfe schafft da erst das Füllen der Rahmen, mit dem wir uns etwas weiter hinten im Abschnitt »Füllen der Frames« beschäftigen. Machen Sie die folgenden Übungen dann einfach trocken weiter.

Das Attribut rows

Ebenso wie schon beim Attribut `cols` lässt sich die Definition absolut in Pixeln oder prozentual angeben. Die dafür zu verwendende Syntax entspricht jener des Attributs `cols`. Das sieht dann für das Attribut `rows` bei absoluten Werten folgendermaßen aus:

`<frameset rows="n,n"> </frameset>`

Dabei wird n durch den gewünschten Wert ersetzt. Bei gewünschter prozentualer Aufteilung sieht die nötige Zeile folgendermaßen aus:

```
<frameset rows="n%,n%"> </frameset>
```

Dabei wird n durch den gewünschten prozentualen Wert ersetzt.

> **HINWEIS**
> Im Gegensatz zu cols, das eine vertikale Trennung vornimmt, bewirkt rows eine horizontale Trennung des Fensters.

Das nachfolgende Listing zeigt Ihnen eine Einteilung, bei der dem oberen Frame 200 Pixel des Fensters zugeteilt werden und dem unteren der Rest. Das Ergebnis sehen Sie in Abbildung 8.2.

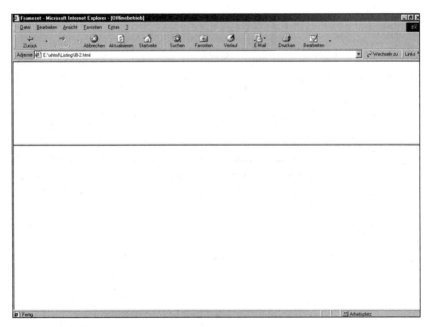

Abb. 8.2: Horizontale Einteilung durch Frames

```
<?xml version="1.0"?>
<!DOCTYPE html PUBLIC "-//W3C//DTD XHTML 1.0 Frameset//EN" "DTD/
xhtml1-frameset.dtd">
<html xmlns="http://www.w3.org/1999/xhtml" xml:lang="en"
lang="en">
 <head>
 <title> Frameset </title>
 </head>
<frameset frameborder="1" rows="200,*">
</frameset>
</html>
```

Beim Abtippen des Quelltextes ist Ihnen sicher aufgefallen, dass die Zeile

```
<frameset rows="200,*">
```

anstatt einer zweiten Zahl einen Stern erhalten hat. Dies hat zur Folge, dass der gesamte restliche, zur Verfügung stehende Platz diesem zweiten Frame zugewiesen wird. In der Praxis werden Sie das ziemlich häufig einsetzen. Dieses Vorgehen gilt sowohl bei dem Attribut `rows` wie auch bei dem Attribut `cols`.

Auch das Kombinieren beider Attribute und mehrerer Frames ist möglich. Diese Möglichkeiten machen das Verwenden von Frames erst richtig interessant.

Mehr als zwei Frames

Es lassen sich natürlich auch mehr als zwei Frames verwenden. Dabei werden dann die einzelnen Werte einfach durch ein Komma getrennt aufgelistet.

```
<frameset rows="n%,n%,n%">
```

Dabei wird n dann jeweils durch den gewünschten prozentualen Wert ersetzt. Beachten Sie jedoch, dass nicht mehr als 100% vergeben werden dürfen.

Wenden wir uns zunächst einem *Frameset* zu, das das Fenster horizontal im Verhältnis 20:20:60 aufteilt. Die Angabe 60% kann natürlich auch durch den Stern ersetzt werden, da dann der Rest automatisch 60% ist. Adäquat ist die Verwendung beim Attribut cols.

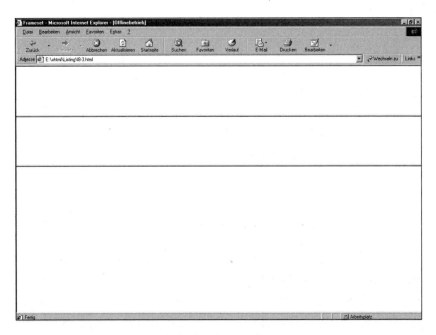

Abb. 8.3: Mehrere Frames innerhalb eines Browserfensters

Abbildung 8.3 zeigt Ihnen die Umsetzung des nachfolgenden Quelltextes.

```
<?xml version="1.0"?>
<!DOCTYPE html PUBLIC "-//W3C//DTD XHTML 1.0 Frameset//EN" "DTD/
xhtml1-frameset.dtd">
<html xmlns="http://www.w3.org/1999/xhtml" xml:lang="en"
lang="en">
 <head>
 <title> Frameset </title>
```

```
</head>
<frameset frameborder="1" rows="20%,20%,60%">
</frameset>
</html>
```

Die Attribute rows & cols kombinieren

Durch die Kombination der Attribute `cols` und `rows` ergeben sich besonders interessante Möglichkeiten. Dazu werden nicht die Attribute innerhalb des Tags `<frameset>` kombiniert, sondern das Tag wird verschachtelt. Dies bedeutet, dass sich innerhalb eines geöffneten Tags wiederum das gleiche Tag befindet. Zur Verdeutlichung:

```
<frameset>
<frameset>
</frameset>
</frameset>
```

Diese Verschachtelung ermöglicht das Anordnen von horizontalen wie von vertikalen *Frames*. Dazu müssen Sie nur das bisher Gelernte in dieser Verschachtelung einsetzen.

```
<?xml version="1.0"?>
<!DOCTYPE html PUBLIC "-//W3C//DTD XHTML 1.0 Frameset//EN" "DTD/xhtml1-frameset.dtd">
<html xmlns="http://www.w3.org/1999/xhtml" xml:lang="en" lang="en">
 <head>
 <title> Frameset </title>
 </head>
<frameset frameborder="1" cols="20%,*%">
<frameset frameborder="1" rows="30%,*%">
</frameset>
```

```
</frameset>
</html>
```

Das Ergebnis zeigt Ihnen die Abbildung 8.4.

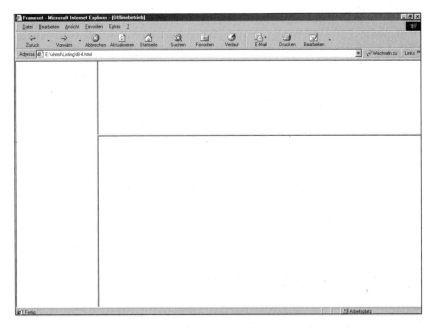

Abb. 8.4: Kombination von horizontaler und vertikaler Aufteilung

Wenden wir uns nun dem Füllen der einzelnen Frames zu. Wenn Sie bisher nur ein leeres Browserfenster zu sehen bekamen, dann wird sich das nun ändern.

8.4 Füllen der Frames

Unsere leeren Framesets müssen nun noch mit Inhalt gefüllt werden. Dazu wird jedem *Frame* ein XHTML-Dokument zugeordnet, das dort hinein geladen werden muss. Dazu sieht XHTML das Tag `<frame>` vor.

Dieses Tag steht alleine, d.h. es wird nicht durch ein anderes geschlossen, es handelt sich also um ein leeres Element. Es wird immer zusammen eingesetzt mit dem Attribut `src`, das Sie bereits von der Grafikeinbindung her kennen. Die Syntax sieht folgendermaßen aus:

```
<frame src="Datei" />
```

Dabei wird `Datei` nun durch den Namen des XHTML-Dokuments ersetzt, das geladen werden soll. Gegebenenfalls muss die komplette Adresse angegeben werden, falls sich das Dokument auf einem anderen Server oder Verzeichnis befindet. Und beachten Sie bitte, dass der Schrägstrich nicht vergessen wird, damit das Tag geschlossen wird.

Um dies zu verdeutlichen, verwenden wir unseren ersten Quelltext und laden in diesen zwei XHTML-Dokumente hinein. Dazu sollen die Dateien TEST1.HTML und TEST2.HTML, die sich im gleichen Verzeichnis wie das *Frameset* befinden, in das *Frameset* geladen werden.

HINWEIS Die Quelltexte der von mir verwendeten XHTML-Dokumente test1.html und test2.html finden Sie im Anhang. Ebenso alle weiteren Quelltexte, die nur verwendet werden, aber nicht besprochen.

Natürlich können Sie dafür auch x-beliebige XHTML-Dokumente verwenden.

```
<?xml version="1.0"?>
<!DOCTYPE html PUBLIC "-//W3C//DTD XHTML 1.0 Frameset//EN" "DTD/xhtml1-frameset.dtd">
<html xmlns="http://www.w3.org/1999/xhtml" xml:lang="en" lang="en">
 <head>
 <title> Frameset </title>
 </head>
<frameset frameborder="1" cols="40%,60%">
<frame src="Test1.html" />
```

```
<frame src="Test2.html" />
</frameset>
</html>
```

Wird dieser Quelltext in den Browser geladen, dann erhalten Sie ein Bild, wie esin Abbildung 8.5 zu sehen ist. Bei der Einbindung der beiden Dateien Test1.html und Test2.html wurde davon ausgegangen, dass diese sich im gleichen Verzeichnis wie unsere Datei befinden.

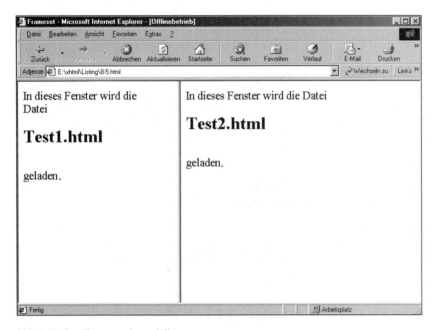

Abb. 8.5: Das Frameset ist gefüllt

8.5 Zuordnung der Frames

Oftmals sollen durch einen Link Frameinhalte in unterschiedlichen Frames angezeigt werden. So ist z.B. eine Navigationsleiste, die beim Browsen durch die Web-Site immer stehen bleibt, eine häufige Einsatzmöglichkeit der *Frametechnik*. Damit die dort ausgeführten Links nicht im gleichen Fenster erscheinen und somit die Navigationsleiste verschwindet, müssen Sie den zu ladenden XHTML-Dokumenten bestimmten *Frames* zuweisen können.

Bezeichnen der Frames

Die einzelnen Frames müssen dazu zunächst bezeichnet werden, zu diesem Zweck geben Sie ihnen Namen. Diese werden mithilfe des Attributs name definiert. Das Attribut name wird innerhalb des Tags <frame> angegeben:

```
<frame src="Datei.htm" name="Frame1" />
```

Dabei wird Frame1 durch den gewünschten Namen ersetzt. Sicherlich ist Ihnen sofort aufgefallen, dass der Name in Anführungszeichen gesetzt ist.

> **HINWEIS** Verwenden Sie bei der Vergabe der Framenamen keine Sonderzeichen, dies kann zu erheblichen Problemen führen. So ist es sicherlich sinnvoll, die Frames einfach durchzunummerieren.

Setzen Sie dies nun wieder in einem Beispiel um:

```
<?xml version="1.0"?>
<!DOCTYPE html PUBLIC "-//W3C//DTD XHTML 1.0 Frameset//EN" "DTD/xhtml1-frameset.dtd">
<html xmlns="http://www.w3.org/1999/xhtml" xml:lang="en" lang="en">
  <head>
    <title> Frameset </title>
  </head>
  <frameset frameborder="1" cols="20%,80%">
    <frame src="Test1.html" name="1" />
    <frame src="Test2.html" name="2" />
```

```
</frameset>
</html>
```

An dem Erscheinungsbild im Browser hat sich noch nichts gegenüber unserem letzten Quelltext geändert; es sieht immer noch aus, wie Sie es bereits in Abbildung 8.5 gesehen haben. Allerdings haben die zwei Frames nun intern einen Namen, über den Sie diese im Folgenden immer wieder ansprechen können, und dies ist der erste Schritt der Zuordnung.

Auf Frames verweisen

Nun, da die Frames Namen haben, können Sie mithilfe eines Links innerhalb des einen Fensters das Zieldokument im zweiten Fenster anzeigen lassen. Dazu wird noch ein weiteres Attribut benötigt, das Attribut `target`, das allerdings nicht im *Frameset*, sondern im zu ladenden Dokument innerhalb der Definition des Links, der – wie bereits bekannt – mithilfe des Tags `<a>` definiert wird, eingesetzt wird.

```
<a href="Test3.htm" target="n"> Link </a>
```

Dabei wird n durch den Namen des *Zielframes* ersetzt.

Die Integration in das Dokument verdeutlicht im nachfolgenden Quelltext noch einmal die Anwendung. (Dies ist das zu ladende Dokument, nicht das Frameset!)

```
<?xml version="1.0"?>
<!DOCTYPE html PUBLIC "-//W3C//DTD XHTML 1.0 Strict//EN"
"DTD/xhtml1-strict.dtd">
<html xmlns="http://www.w3.org/1999/xhtml" xml:lang="en"
lang="en">
  <head>
  <title> Beispieldatei </title>
  </head>
```

```
<body>
<h2> Test1.html </h2>
<a href="Test3.html" target="2"> Link zu Test3.htm </a>
Die Darstellung des Dokuments Test3.html soll im rechten Fenster
erfolgen.
</body>
</html>
```

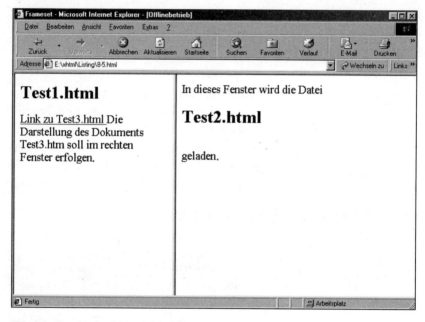

Abb. 8.6: Vor der Ausführung des Links

Wenn Sie nun diesen Quelltext unter dem Namen Test1.html abspeichern, dann wird Ihnen der Browser die Abbildungen 8.6 und 8.7 zeigen. Abbildung 8.6 zeigt Ihnen das Erscheinungsbild vor Ausführung des Links, Abbildung 8.7 nach Ausführung des Links.

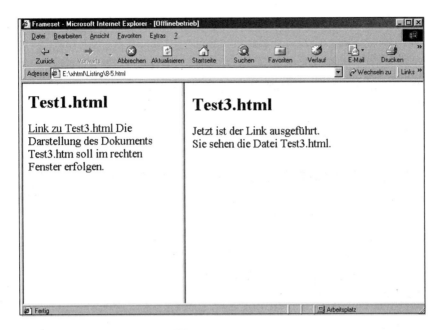

Abb. 8.7: Jetzt ist der Link ausgeführt

8.6 Darstellung der Frames

Neben der bereits bekannten Möglichkeit, die Rahmen der Frames sichtbar oder unsichtbar darzustellen, gibt es noch weitere Möglichkeiten, das Erscheinungsbild mithilfe von Attributen zu beeinflussen.

Scroll-Leisten

In der Regel erhält ein Frame eine *Scroll-Leiste* immer dann, wenn die Fläche nicht ausreicht, um den Inhalt komplett darzustellen. Der Browser stellt dann automatisch den Frame mit einer oder zwei Scroll-Leisten dar.

Durch das Attribut `scrolling` können Sie darauf jedoch Einfluss nehmen. Sie können die Darstellung mit *Scroll-Leisten* generell erzwingen oder unterbinden. Dazu wird innerhalb des Tags `<frame>` das Attribut `scrolling` mit dem entsprechenden Wert eingesetzt:

```
<frame scrolling="n" />
```

Dabei wird n entweder durch `yes` ersetzt, dann werden die *Scroll-Leisten* immer angezeigt, oder Sie ersetzen *n* durch `no`, dann werden nie *Scroll-Leisten* gezeigt.

Wenden Sie dies nun auf unser Beispiel an, dann ergibt sich folgender Quelltext für das Frameset:

```
<?xml version="1.0"?>
<!DOCTYPE html PUBLIC "-//W3C//DTD XHTML 1.0 Frameset//EN" "DTD/xhtml1-frameset.dtd">
<html xmlns="http://www.w3.org/1999/xhtml" xml:lang="en" lang="en">
 <head>
 <title> Frameset </title>
 </head>
<frameset frameborder="1" cols="40%,60%">
<frame src="Test1.html" scrolling="Yes" name="1" />
<frame src="Test2.html" scrolling="No" name="2" />
</frameset>
</html>
```

Dieser Quelltext erzeugt im Browser dann die Abbildung 8.8, Frame 1 wird mit Scroll-Leiste angezeigt, Frame 2 jedoch ohne.

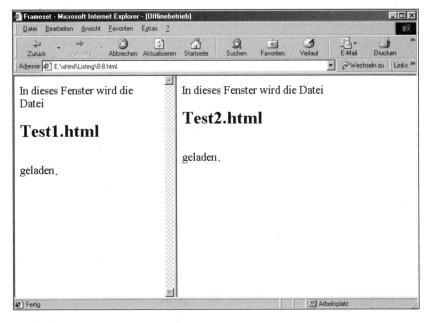

Abb. 8.8: Frame mit und ohne Scroll-Leiste

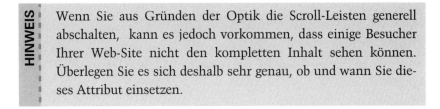

HINWEIS: Wenn Sie aus Gründen der Optik die Scroll-Leisten generell abschalten, kann es jedoch vorkommen, dass einige Besucher Ihrer Web-Site nicht den kompletten Inhalt sehen können. Überlegen Sie es sich deshalb sehr genau, ob und wann Sie dieses Attribut einsetzen.

Abstände vom Frame

Ganz unabhängig davon, ob Sie einen sichtbaren oder einen unsichtbaren Rand definiert haben, können Sie einen Abstand des Frameinhalts zum Rahmen hin definieren. Dazu existieren die beiden Attribute `marginwidth` und `marginheight`, die mit dem entsprechenden Wert in Pixeln angegeben werden.

Das Attribut marginheight

Das Attribut marginheight wird innerhalb des Tags <frame> angegeben und ermöglicht Ihnen die Definition eines Abstands zum oberen und zum unteren Rand des Rahmens:

<frame marginheight="n" />

Dabei wird n durch die Anzahl der Pixel ersetzt.

Das Attribut marginwidth

Auch das Attribut marginwidth wird innerhalb des Tags <frame> angegeben und ermöglicht Ihnen die Definition eines Abstands zum linken und zum rechten Rand des Rahmens:

<frame marginwidth="n" />

Dabei wird auch hier wieder n durch die Anzahl der Pixel ersetzt.

Im folgenden Beispiel soll einer der Frames einen Abstand von 50 Pixeln rundherum erhalten. Dann sieht der Quelltext folgendermaßen aus:

```
<?xml version="1.0"?>
<!DOCTYPE html PUBLIC "-//W3C//DTD XHTML 1.0 Frameset//EN" "DTD/xhtml1-frameset.dtd">
<html xmlns="http://www.w3.org/1999/xhtml" xml:lang="en" lang="en">
 <head>
 <title> Frameset </title>
 </head>
<frameset frameborder="1" cols="40%,60%">
<frame src="Test1.html"  name="1" />
<frame src="Test2.html"  marginheight="50" marginwidth="50" name="2" />
</frameset>
</html>
```

Nun wird im rechten Fenster ein Randabstand von 50 Pixeln Breite zum Rand hin eingehalten, wie in Abbildung 8.9 zu sehen.

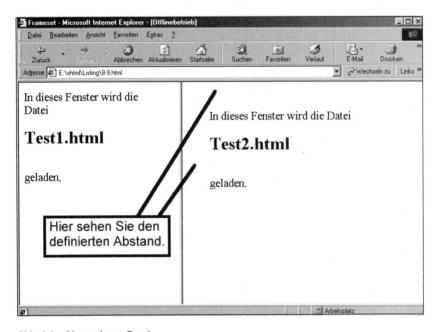

Abb. 8.9: Abstand zum Rand

Größe des Frames festlegen

Die Größen der Frames können durch den Betrachter einfach im Browser verändert werden. Die ganze Arbeit, die Sie in Ihr Seitendesign gesteckt haben, ist dann umsonst gewesen. Das Attribut noresize ermöglicht es Ihnen, dies zu verhindern, wenn Sie es einsetzen, lässt sich die Framegröße nicht mehr ändern.

Besonders sinnvoll ist dies dann, wenn Sie z.B. Links oder Grafiken keinesfalls verdeckt haben möchten. Dazu geben Sie einfach das Attribut noresize innerhalb des Tags <frame> an:

```
<frame noresize />
```

Integrieren Sie nun das Ganze in den Quelltext, dann lautet dieser:

```
<?xml version="1.0"?>
<!DOCTYPE html PUBLIC "-//W3C//DTD XHTML 1.0 Frameset//EN" "DTD/xhtml1-frameset.dtd">
<html xmlns="http://www.w3.org/1999/xhtml" xml:lang="en" lang="en">
 <head>
 <title> Frameset </title>
 </head>
<frameset frameborder="1" cols="20%,80%">
<frame src="Test1.html" noresize name="1" />
<frame src="Test2.html" name="2" />
</frameset>
</html>
```

8.7 Es geht auch zweigleisig: <noframes>

Wenn nun jemand Ihre Web-Site mit Frames, die Sie mit viel Mühe erstellt haben, anwählt und dessen Browser kann keine Frames darstellen, dann bleibt sein Browserfenster leer.

Damit dies nicht geschieht, gibt es noch ein weiteres wichtiges Tag in der Definition der Framesets, das Tag `<noframes>`. Meist dient es nur dazu, Informationen auf den Bildschirm zu bringen wie: »Ihr Browser kann keine Frames darstellen, diese Web-Seite besteht jedoch aus Frames.« Es kann jedoch einiges mehr.

Sie können in jedem XHTML-Dokument, das ein Frameset ist, auch eine komplette Seite ohne Frames darstellen. Der Inhalt, der durch das Tag `<noframes>` definiert wird, wird nur dann angezeigt, wenn der Browser keine Frames anzeigt.

So können Sie zum Beispiel alternativ den Seiteninhalt für Browser, die keine *Frames* darstellen können, auf diese Weise darstellen, oder aber Sie verweisen auf andere Dokumente, die das gleiche ohne *Frames* darstellen.

Wie schon erwähnt, wird der Inhalt zwischen den Tags <noframes> und </noframes> dargestellt:

<noframes> Inhalt </noframes>

Dabei wird Inhalt durch den gewünschten Inhalt ersetzt. Sie können zwischen diese beiden Tags alles schreiben, was Sie auch zwischen die Tags <body> und </body> schreiben können, also komplette Seiteninhalte. Das Tag <noframes> wird innerhalb der Tags <frameset> und </frameset> verwendet.

Nachfolgend wird ein Frameset definiert, das dem Betrachter, wenn sein Browser keine *Frames* darstellt, folgende Nachricht bringt: »Sie benötigen einen Browser, der Frames darstellen kann!« Dazu verwenden Sie wieder den bekannten Quelltext.

```
<?xml version="1.0"?>
<!DOCTYPE html PUBLIC "-//W3C//DTD XHTML 1.0 Frameset//EN" "DTD/xhtml1-frameset.dtd">
<html xmlns="http://www.w3.org/1999/xhtml" xml:lang="en" lang="en">
 <head>
 <title> Frameset </title>
 </head>
<frameset frameborder="1" cols="40%,60%">
<noframes> Sie benötigen einen Browser, der Frames darstellen kann! </noframes>
<frame src="Test1.html" noresize name="1" />
<frame src="Test2.html" name="2" />
</frameset>
</html>
```

Der Betrachter sieht normalerweise das gleiche wie zuvor, allerdings zeigt der Browser, der keine Frames darstellen kann, ein Bild wie in der Abbildung 8.10.

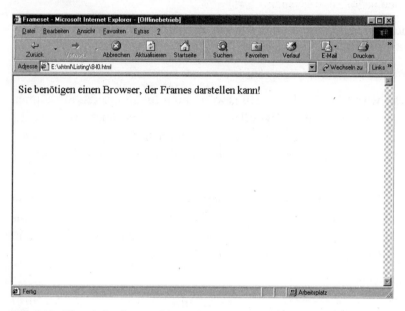

Abb. 8.10: Wenn keine Frames dargestellt werden

> **HINWEIS**
> Diese Darstellung sieht nicht sonderlich schön aus, Sie können sie noch mit dem bereits in den vorangegangenen Kapiteln Gelernten etwas aufpeppen.

8.8 Layoutgestaltung durch Frames

Unsichtbarer Rahmen

Wie schon bei den Tabellen eignen sich auch Frames durch den gleichen Trick, dem Weglassen des sichtbaren Randes (`frameborder="0"`), hervorragend als Mittel zur optischen Aufwertung.

Ganz besonders sind Frames dazu geeignet, einheitliche Seitenlayouts innerhalb der Web-Site festlegen. So wird dann z.B. das Logo nur einmal geladen, und lediglich der Textinhalt wird in einem gesonderten Frame immer neu geladen.

Abb. 8.11: Frames ohne sichtbaren Rand

Am besten experimentieren Sie einfach mal etwas herum. Besonders durch die Kombination von Frames und Tabellen lässt sich eine effektvolle Layoutgestaltung erzielen.

> **HINWEIS** Das Wichtigste für den Einsatz von Frames ist die Planung der Frameaufteilung. Bedenken Sie dabei stets, dass jeder Frame den Computer des Betrachters verlangsamt. Deshalb sollten Sie nie zu viele Frames in ein Frameset integrieren.

8.9 Zusammenfassung, Fragen und Übungen

Zusammenfassung

- ▶ Um Frames einzusetzen, benötigen Sie zunächst ein Frameset.

- ▶ Das Frameset ist ein XHTML-Dokument, anstelle des Tags `<body>` verwenden Sie das Tag `<frameset>`.

- ▶ Das Frameset benötigt eine besondere DTD und es wird anstelle des Tags `<body>` verwendet.

- ▶ Frames können Sie sowohl vertikal als auch horizontal aufteilen.

- ▶ Durch das Attribut `target` können Sie Dokumente in bestimmte Frames hineinladen.

- ▶ Reicht der Platz innerhalb eines Frames zur Darstellung des Inhalts nicht aus, dann erscheinen automatisch *Scroll-Leisten*.

- ▶ Die Größe der einzelnen Frames kann absolut oder in Prozent angegeben werden.

- ▶ Die Ränder eines Frames können unsichtbar gemacht werden.

Fragen und Übungen

1. Welches Tag öffnet ein Frameset und welches schließt es?
2. Welche DTD müssen Sie bei einem Frameset verwenden?
3. Welches Tag, das sonst immer benötigt wird, brauchen Sie in einem Dokument nicht, das ein Frameset definiert?
4. Welches Attribut ermöglicht das Zuweisen eines Links in einen bestimmten Frame?
5. Wie erstellen Sie eine Alternative zu Frames für die Browser, die keine Frames darstellen können?
6. Wie wird der sichtbare Rand eines Frames unsichtbar?
7. Warum sollten Sie möglichst wenige Frames in ein Frameset integrieren?
8. Was bewirken die Attribute `marginwidth` und `marginheight`?

Formulare

XHTML 1.0

9 Formulare

Formulare in XHTML sind ganz normale XHTML-Dokumente, die die Möglichkeit haben, Eingaben durch den Betrachter anzunehmen. So lassen sich die eingegebenen Daten an Sie als Betreiber einer Web-Site schicken.

Bestellformulare, standardisierte Kontaktformulare und Fragebogen lassen sich auf diese Weise leicht erstellen. Auch die Oberfläche eines Suchsystems ist ein meist XHTML-Formular. Dabei führen Sie die Suchanfrage über ein XHTML-Formular aus, die weitere Bearbeitung übernimmt ein Programm, das Ihnen das Ergebnis zurückschickt.

Es handelt sich also um elektronische Formulare, die dann gegebenenfalls auch direkt im Computer ausgewertet und verarbeitet werden können. Dazu wird dann natürlich entsprechende weitere Software benötigt – XHTML stellt nur das Formular dafür. Aber auch die Weiterleitung des Formulars als E-Mail ist so möglich.

Meist wird dies über so genannte CGI-Programme erzielt. Die verbreitetste Sprache zur Erstellung von CGIs heißt PERL. Aber das ist dann schon wieder ein neues Thema. Einige Grundlagen zu CGI möchte ich Ihnen noch am Ende des Kapitels erläutern.

Ich gehe jedoch nicht auf das Erstellen von CGI-Scripten mittels PERL ein, da dies hier den Rahmen sprengen würde und es zu diesem Thema eine Reihe Bücher gibt (z.B. Das Einsteigerseminar PERL, bhv-Verlag).

9.1 Die Syntax

Um ein Formular mit XHTML zu erstellen, stehen Ihnen eine Reihe von Tags zur Verfügung. Am besten fangen wir mit der Definition des Formularumrisses an.

Die Definition eines kompletten Formulars wird zwischen die Tags <form> und </form> geschrieben.

<form> Definition des Formulars </form>

Zwei Attribute müssen dem Formular zugewiesen werden, damit es überhaupt etwas bewirken kann, wenn es beendet wird: action und method.

Das Attribut method

Das Attribut method legt fest, was mit dem Formular geschieht, wie es verarbeitet werden soll. So können Formulare u.a. direkt auf dem Server mithilfe eines CGI-Scriptes ausgewertet werden, oder an eine bestimmte E-Mail-Adresse geschickt werden.

<form method="n"> Definition </form>

Dabei kann n durch zwei Werte ersetzt werden. Der Wert get bewirkt, dass das Formular durch ein Programm ausgewertet wird, der Wert post bewirkt, dass der Inhalt an eine E-Mail-Adresse versandt wird.

Insbesondere die zweite Möglichkeit ist interessant, da hier jedermann die Möglichkeit eröffnet wird, Formulare auf der Web-Site zu verwenden. Andererseits existieren inzwischen auch genügend Freeware-CGI-Scripte, sodass Formulare auch durch freie Scripte ausgewertet werden können, ohne dass Sie CGI-Scripte (z.B. mit PERL) erstellen können.

Wenn in Formularen der Inhalt per E-Mail verschickt wird, dann erhält der Empfänger des Formulars ein Textdokument per E-Mail, das zwar nicht schön aussieht, aber lesbar ist.

> **HINWEIS** Formulare per E-Mail zu verschicken funktioniert jedoch nicht immer. Je nach verwendetem Browser und Einstellungen kann es auch sein, dass sich das E-Mail-Fenster öffnet, anstatt das der Formularinhalt versendet wird.

Das Attribut action

Das Attribut `action` gibt die Zieladresse des Formulars an, also die Adresse, an der das CGI-Script, das die Verarbeitung übernimmt, zu finden ist, oder die E-Mail-Adresse, an die der Inhalt gesendet werden soll. Dabei muss die komplette Adresse mit Angabe des *Protokolltyps* (z.B. HTTP) angegeben werden.

```
<form action="URL"> Definition </form>
```

Dabei wird URL durch die gewünschte Adresse ersetzt.

Daraus folgt für den Einsatz des Tags <form>:

```
<form method="n" action="URL"> Definition </form>
```

Als Beispiel zeigt der nachfolgende Quelltext die Einbindung des Tags <form>, bei dem der Formularinhalt an die E-Mail-Adresse *info@kobert.de* geschickt werden soll.

```
<?xml version="1.0"?>
<!DOCTYPE html PUBLIC "-//W3C//DTD XHTML 1.0 Strict//EN"
"DTD/xhtml1-strict.dtd">
<html xmlns="http://www.w3.org/1999/xhtml" xml:lang="en" lang="en">
  <head>
  <title> Formular </title>
  </head>
  <body>
  <form method="post" action="mailto:info@kobert.de"> </form>
  </body>
</html>
```

Diesem Quelltext fehlen jedoch noch die einzelnen Felder des Formulars. Es lässt sich nichts eingeben, und abgeschickt werden kann es auch nicht. Würden Sie diesen Quelltext in den Browser laden, dann würde nichts zu sehen sein.

9.2 Textfelder

Wenden wir uns nun zunächst einem sehr häufig anzutreffenden Eingabefeld zu: dem Textfeld. Textfelder dienen, wie der Name bereits sagt, der Eingabe von Text in das Formular.

Ein Textfeld erstellen Sie mithilfe des Tags `<input>`, das nicht durch ein zweites Tag geschlossen wird, also ein leeres Element ist. Jedes einzelne Feld benötigt zwingend die Zuweisung eines Namens, der mithilfe des Attributs `name` festgelegt wird:

```
<input name="n" />
```

Dabei wird n durch den gewünschten Namen ersetzt, der in Anführungszeichen steht.

Nun setzen wir das Ganze in ein XHTML-Formular um, indem wir den letzten Quelltext vervollständigen.

```
<?xml version="1.0"?>
<!DOCTYPE html PUBLIC "-//W3C//DTD XHTML 1.0 Strict//EN"
"DTD/xhtml1-strict.dtd">
<html xmlns="http://www.w3.org/1999/xhtml" xml:lang="en" lang="en">
 <head>
 <title> Formular </title>
 </head>
 <body>
<form method="post" action="mailto:info@kobert.com">
<input name="Feld1" />
<input name="Feld2" />
</form>
</body>
</html>
```

Und schon ist Ihr erstes Formular, das Sie in der Abbildung 9.1 sehen, fertig. Allerdings kann das Formular noch nicht abgeschickt werden. Bevor wir dazu kommen, wie das geht, möchte ich Ihnen noch mehr über die Textfelder erklären.

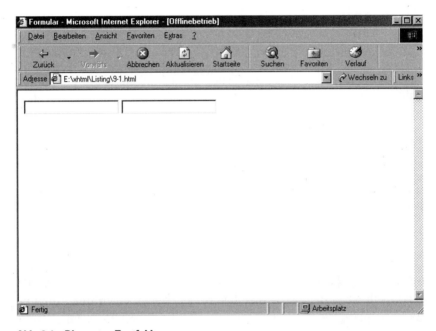

Abb. 9.1: Die ersten Textfelder

Sie sehen, in diesem Formular sind noch einige Mängel. Neben der fehlenden Möglichkeit, die Eingaben abzusenden, fehlt noch die Beschriftung der Felder, auch ist die Größe der Felder wahllos und wurde nicht definiert.

Die Beschriftung eines Feldes

Ganz einfach ist die Beschriftung der Felder, die durch Texteingabe im Quelltext erfolgt. Die Beschriftung der Formularfelder wird wie die Eingabe jedes anderen Textes in das XHTML-Dokument durchgeführt. Wird kein Zeilenumbruch oder Absatz gesetzt, dann folgt das Eingabefeld direkt im Anschluss an den Text.

Die Größe der Eingabefelder

Um das Formular auch sinnvoll und übersichtlich gestalten zu können, müssen Sie noch die Größe der Textfelder definieren, damit diese nicht willkürlich ist. Dabei kann die Größe des sichtbaren Feldes von dem Platz für den Text abweichen.

Das Attribut `size` legt fest, wie groß das Textfeld ist, und das Attribut `maxlength` bestimmt, wie viele Zeichen der darin einzugebende Text haben darf.

```
<input name="n" size="n" maxlength="n" />
```

Dabei wird n jeweils durch die Anzahl der Zeichen ersetzt, die maximal zugelassen sein sollen.

Setzen Sie nun die Beschriftung und die Festlegung der Größe im letzten Quelltext in die Praxis um. Die beiden Felder sollen mit Vorname und Nachname beschriftet werden, die Feldlänge soll 25 und die Eingabelänge maximal 40 Zeichen lang sein.

```
<?xml version="1.0"?>
<!DOCTYPE html PUBLIC "-//W3C//DTD XHTML 1.0 Strict//EN"
"DTD/xhtml1-strict.dtd">
<html xmlns="http://www.w3.org/1999/xhtml" xml:lang="en" lang="en">
  <head>
  <title> Formular </title>
  </head>
  <body>
```

```
<form method="post" action="mailto:info@kobert.com">
Vorname:<input name="Feld1" size="25" maxlength="40" />
<br />
Nachname:<input name="Feld2" size="25" maxlength="40" />
<br />
</form>
</body>
</html>
```

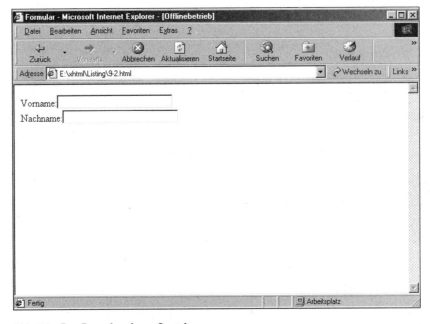

Abb. 9.2: Das Formular nimmt Gestalt an

Bereits jetzt sieht das Formular wesentlich besser aus. Beachten Sie auch die Auswirkung des im Quelltext gesetzten Tags <br />. Wie in jedem anderen XHTML-Dokument können Sie in das Formular auch Bilder einbinden und andere Gestaltungen vornehmen.

Feldarten

Neben der Größe eines Textfeldes lässt sich auch noch definieren, welche Art von Daten in das Feld eingegeben werden kann. Dies geschieht mithilfe des Attributs `type`, das ebenfalls innerhalb des Tags `<input>` eingegeben wird.

```
<input type="n" />
```

Dabei kann n durch verschiedene Werte ersetzt werden, um die Feldart festzulegen. Nachfolgend finden Sie eine Liste der meistgenutzten Werte für Textfelder.

Der Wert text

Der Wert `text` bewirkt das gleiche, wie wenn Sie keinen Wert angeben. Sie können alle möglichen Zeichen in das Feld eingeben.

Der Wert password

Der Wert `password` dient der Eingabe eines Passworts, das während der Eingabe nicht sichtbar ist, sondern die eingegebenen Zeichen werden nur durch ein Sternchen dargestellt.

Der Wert int

Der Wert `int` ist für Eingabefelder vorgesehen, die numerisch sind.

Der Wert date

Der Wert `date` ermöglicht Ihnen, ein Feld zur Eingabe von Daten zu definieren.

Setzen wir nun das Ganze um, um ein Formular zur Eingabe der Adresse und des Geburtsdatums zu erstellen. Dazu erweitern Sie wieder den letzten Quelltext.

```
<?xml version="1.0"?>
<!DOCTYPE html PUBLIC "-//W3C//DTD XHTML 1.0 Strict//EN"
```

```
"DTD/xhtml1-strict.dtd">
<html xmlns="http://www.w3.org/1999/xhtml" xml:lang="en"
lang="en">
<head>
<title> Formular </title>
</head>
<body>
<form method="post" action="mailto:info@kobert.com">
Vorname:<input type="text" name="Name1" size="25" max-
length="40" />
Nachname:<input type="text" name="Name2" size="25" max-
length="40" />
<br />
Strasse:<input name="Strasse" size="30" maxlength="50" />
<br />
PLZ:<input type="int" name="PLZ" size="5" maxlength="5" />
Ort:<input type="text" NAME="Ort" size="20" maxlength="50" />
<br />
Geburtsdatum:<input name="Date1" size="8" maxlength="8" />
<br />
</form>
</body>
</html>
```

Laden Sie diesen Quelltext in den Browser, dann wird es so aussehen wie in Abbildung 9.3. Das Layout können Sie natürlich noch verschönern. Sie haben nun ein komplettes Formular, das Einzige, was noch fehlt, ist die Möglichkeit es auch abzusenden.

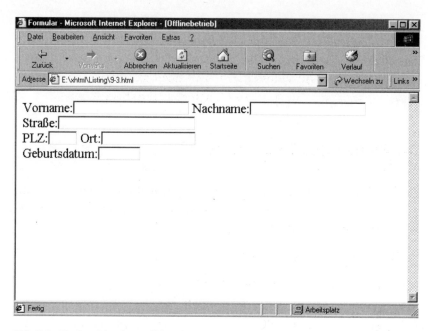

Abb. 9.3: Ein fast komplettes Formular

9.3 Schaltflächen

Nun haben Sie bereits ein komplettes Formular erstellt, nur absenden können Sie es noch nicht. Deshalb schiebe ich hier, vor der Erklärung weiterer Formularfelder, einen Abschnitt über *Schaltflächen* ein, die auch das Versenden von Formularinhalten ermöglichen.

Zwei Tags für Schaltflächen

Sie haben zwei Möglichkeiten Schaltflächen (*Buttons*) zu realisieren. Zum einen geht das mit dem bereits bekannten Tag `<input>` und zum anderen gibt es dafür das Tag `<button>`, das mit HTML 4 neu hinzugekommen ist.

Da das Tag <button> speziell für Buttons in Formularfeldern definiert wurde, sollte es bevorzugt eingesetzt werden. Zur Zeit unterstützen allerdings noch nicht alle Browser das Tag <button>, deshalb beschreibe ich im Anschluss daran auch noch die Vorgehensweise mit dem Tag <input>, die weiterhin uneingeschränkt gültig ist.

Die Syntax des Tags <button>

Dieses Tag wurde geschaffen, um die Möglichkeiten zu erweitern, Formulare mit Schaltflächen zu gestalten. Der Einsatz erfolgt immer zusammen mit dem Attribut type.

<button type="n"> </button>

Dabei wird n durch einen der Werte reset, submit oder button ersetzt. Betrachten wir uns die drei möglichen Werte etwas genauer:

Der Wert submit

Der Wert submit bestätigt die getätigten Eingaben durch einen Mausklick und sendet den Inhalt an die Adresse, die im Tag <form> mithilfe des Attributs action angegeben wurde.

Der Wert reset

Ein Mausklick auf diese Schaltfläche löscht alle getätigten Eingaben, das Formular ist wieder leer.

Der Wert button

Dieser Wert ist die eigentliche Neuheit seit HTML 4. Er bewirkt bei Mausklick auf die Schaltfläche die Ausführung eines Scripts. Die Erstellung dieser Scripte ist dann natürlich wieder ein ganz eigenes Thema. Es kann sich dabei um PERL, JavaScript oder VB-Scripte handeln. Sie können sich bestimmt vorstellen, dass dies in der Praxis interessante Möglichkeiten eröffnet.

Den Button beschriften

Neben der Art der Schaltfläche müssen Sie noch definieren, wie die Schaltfläche beschriftet werden soll. Dazu wird der Beschriftungstext einfach zwischen die Tags <button> und </button> geschrieben:

```
<button type="n"> Text </button>
```

Dabei wird Text durch den gewünschten Text ersetzt. Die Breite der Schaltfläche passt sich übrigens immer automatisch an die Länge der Schrift an.

Fügen wir nun zum letzten Quelltext noch zwei Schaltflächen hinzu, eine, die das Formular absendet, und eine, die es zurücksetzt:

```
<?xml version="1.0"?>
<!DOCTYPE html PUBLIC "-//W3C//DTD XHTML 1.0 Strict//EN"
"DTD/xhtml1-strict.dtd">
<html xmlns="http://www.w3.org/1999/xhtml" xml:lang="en"
lang="en">
 <head>
 <title> Formular </title>
 </head>
 <body>
<form method="post" action="mailto:info@kobert.de">
Vorname:<input name="Name1" size="25" maxlength="40" />
Nachname:<input name="Name2" size="25" maxlength="40" />
<br />
Strasse:<input name="Strasse" size="30" maxlength="50" />
<br />
PLZ:<input name="PLZ" size="5" maxlength="5" />
Ort:<input name="Ort" size="20" maxlength="50" />
<br />
Geburtsdatum:<input name="Date1" size="8" maxlength="8" />
```

```
<br />
<button type="submit"> Absenden </button>
<button type="reset"> Verwerfen </button>
</form>
</body>
</html>
```

Nun ist das Formular komplett einsatzbereit. In der Abbildung 9.4 sehen Sie es im Browser.

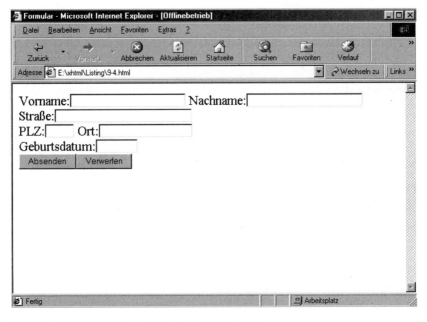

Abb. 9.4: Mit Schaltflächen ist das Formular komplett

Grafische Buttons

Wenn Ihnen diese grauen Schaltflächen zu langweilig sind, und Sie stattdessen lieber kleine Bildchen als Schaltflächen haben möchten, dann geht das auch. Dazu setzen Sie einfach das Tag `<img>` innerhalb der Tags <button> und </button> ein. Nachfolgendes Beispiel verdeutlicht Ihnen das.

```
<button type="submit"> <img src="bild.gif" /> </button>
<button type="reset"> <img src="bild.gif" /> </button>
```

Bedenken Sie jedoch stets, dass Ihre Schaltflächen dann so groß wie die Grafiken werden.

Die Syntax des Tags <input>

Auch mit dem bereits von den Texteingabefeldern her bekannten Tag <input> lassen sich Buttons realisieren. Ich werde Ihnen hier nur kurz die Syntax darlegen, denn Sie werden feststellen, dass der Einsatz ähnlich ist. Das Tag <input> ist allerdings ein leeres Element.

Der Einsatz als Schaltfläche wird durch das Attribut type realisiert. Dieses Attribut wird innerhalb des Tags <input> eingesetzt:

```
<input type="n" />
```

Dabei kann n nur durch zwei Werte ersetzt werden kann, submit und reset. Der Wert button existiert bei dem Tag <input> nicht. Die Bedeutungen der Werte reset und submit entspricht denen bei dem Tag <button>.

Um den Button zu beschriften benötigen wir ein weiteres Attribut, das Attribut value:

```
<input type="n" value="Text" />
```

Dabei wird Text durch den gewünschten Text ersetzt, der in Anführungszeichen stehen muss. Die Breite der Schaltfläche passt sich auch hier wieder automatisch an die Länge der Schrift an.

9.4 Checkbuttons & Radiobuttons

Diese beiden Arten von Buttons finden nicht nur in XHTML Ihren Einsatz. Sie treffen diese auch in Programmen an, häufig bei den Einrichtungsfenstern in Windowsprogrammen.

Checkbuttons sind kleine rechteckige Kästchen, die durch Anklicken selektiert werden können. Innerhalb einer Gruppe von Checkbuttons können beliebig viele selektiert werden.

Radiobuttons sind kleine Kreise, die ebenfalls durch Mausklick selektiert werden. Hier ist jedoch immer nur die Auswahl eines Feldes aus einer zusammengehörenden Gruppe möglich.

Die Syntax

Auch Checkbuttons und Radiobuttons werden durch das Tag `<input>` definiert. Das Attribut `type` legt fest, um welchen der beiden Typen es sich handelt, das Attribut `value` übernimmt die Bezeichnung, die jedoch nicht sichtbar ist und nur mit dem Formularinhalt versandt wird.

```
<input type="n" value="Text" />
```

Dabei wird n durch einen der beiden Werte `checkbox` oder `radio` ersetzt. `Text` durch den gewünschten Wert, der bei Aktivierung verarbeitet wird. Die Beschriftung im Formular erfolgt durch ganz normale Texteingabe.

Der folgende Quelltext verdeutlicht die Anwendung:

```
<?xml version="1.0"?>
<!DOCTYPE html PUBLIC "-//W3C//DTD XHTML 1.0 Strict//EN"
"DTD/xhtml1-strict.dtd">
<html xmlns="http://www.w3.org/1999/xhtml" xml:lang="en"
lang="en">
  <head>
    <title> Formular </title>
```

```
</head>
<body>
<form method="post" action="mailto:info@kobert.de">
<input name="Info1" type="checkbox" value="XML" /> Infos zu XML
<br />
<input name="Info2" type="checkbox" value="SGML" /> Infos zu SGML
<br />
<input name="Info3" type="radio" value="E-Mail" /> Bitte senden Sie die Infos per E-Mail.
</form>
</body>
</html>
```

Dieser Quelltext bewirkt im Browser eine Darstellung, wie in Abbildung 9.5 zu sehen.

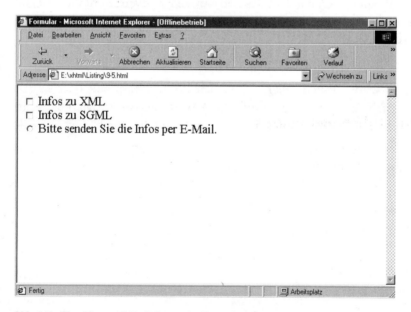

Abb. 9.5: Checkboxen & Radiobutton im Formular

9.5 Mehrzeilige Textfelder

Die zu Beginn des Kapitels kennen gelernten Textfelder, waren einzeilig und nicht für die Eingabe längerer Texte gedacht. Durch das Tag `<textarea>` können Sie auch mehrzeilige Felder für die Texteingabe definieren. Hier lassen sich dann z.b. Kommentare durch die Besucher Ihrer Web-Site eingeben.

Die Syntax mehrzeiliger Textfelder

Wie schon das Tag `<input>` verlangt auch dieses zwingend die Angabe des Attributs `name`. Im Gegensatz zu `<input>` ist `<textarea>` jedoch kein leeres Element. Daraus folgt die Syntax:

`<textarea name="n"> </textarea>`

Dabei wird `n` durch den zu vergebenden Namen ersetzt.

Wenn Sie Text zwischen die Tags `<textarea>` und `</textarea>` schreiben, dann erscheint dieser bereits im Textfeld. Er kann dann durch den Besucher überschrieben werden.

Die Größe des Feldes

Mithilfe von Attributen können Sie die Größe des Textfeldes festlegen. Dabei können Sie die Breite in Anzahl der Zeichen und die Höhe in Anzahl der Zeilen definieren.

Für die Definition der Feldgröße werden dem Tag `<textarea>` die Attribute `cols` und `rows` zugewiesen.

`<textarea name="n" cols="n1" rows="n2"> </textarea>`

Dabei wird `n1` durch die Anzahl der Zeichen für die Breite und `n2` durch die Anzahl der Zeilen ersetzt.

```
<?xml version="1.0"?>
<!DOCTYPE html PUBLIC "-//W3C//DTD XHTML 1.0 Strict//EN"
"DTD/xhtml1-strict.dtd">
<html xmlns="http://www.w3.org/1999/xhtml" xml:lang="en"
lang="en">
 <head>
 <title> Formular </title>
 </head>
 <body>
<form method="post" action="mailto:info@kobert.com">
<textarea name="Text" cols="40" rows="12"> </textarea>
</form>
</body>
</html>
```

Der Quelltext erzeugt dann ein mehrzeiliges Textfeld, wie Sie es in der Abbildung 9.6 sehen.

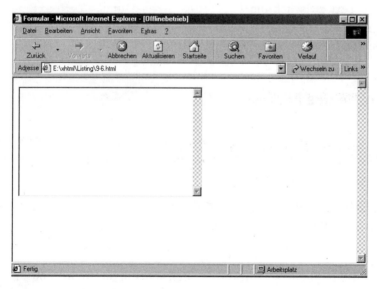

Abb. 9.6: Ein mehrzeiliges Textfeld

Das Textfeld ist jedoch nicht auf die definierten Ausmaße festgelegt. Wenn mehr in das Textfeld geschrieben wird als hineinpasst, dann erscheint ein Scrollbalken, mit dessen Hilfe dann der Text zu lesen ist.

9.6 Auswahllisten

Auch Listenfelder können Sie mit XHTML erstellen. Ein Listenfeld zeigt Ihnen zunächst einen Eintrag, und durch Mausklick können Sie das Listenfeld öffnen. Dadurch lassen sich bestimmte Optionen vorgeben und der Besucher Ihrer Web-Site kann dann die gewünschte auswählen.

Die Syntax eines Listenfeldes

Ein Listenfeld wird durch das Tag `<select>` definiert. Dabei wird die Definition zwischen die Tags `<select>` und `</select>` geschrieben.

`<select> Definition </select>`

Die Definition der einzelnen Optionen erfolgt durch das Tag `<option>`. Beachten Sie, dass auch hier die Angabe eines Namens für das Feld vorgeschrieben ist.

Die einzelnen Einträge der Liste

Das Tag `<option>` wird zwischen die beiden Tags `<select>` geschrieben, und der gewünschte Eintragstext der Auswahl zwischen `<option>` und `</option>` geschrieben.

`<select>`
`<option> Text1 </option>`
`<option> Text2 </option>`

`</select>`

Dabei wird `Text1` und `Text2` durch den jeweils gewünschten Text ersetzt.

Möglichkeiten des Tags `<select>`

Neben dem vorgeschriebenen Einsatz des Attributs `name` können Sie noch weitere Attribute innerhalb des Tags verwenden um bestimmte Vorgaben zu tätigen.

Durch das Attribut `value` können Sie das Feld bezeichnen. Diese Bezeichnung ist nicht sichtbar, wird aber nach Absenden des Formulars mit dem Inhalt übertragen und erleichtert dadurch die Auswertung.

`<select value="n"> Definition </select>`

Dabei wird n durch die gewünschte Bezeichnung ersetzt.

Das Attribut `size` ermöglicht es Ihnen festzulegen, wie viele Einträge vor dem Aktivieren der Liste sichtbar sind. Dadurch können Sie das Listenfeld z.B. mit allen Einträgen voll sichtbar machen.

`<select size="n"> Definition </select>`

Dabei wird n durch die gewünschte Anzahl der Einträge ersetzt.

Mit dem Attribut `multiple` können Sie definieren, dass mehr als eine Auswahl aus der Liste getroffen werden kann, der Benutzer kann also z.B. zwei oder drei Optionen auswählen.

`<select multiple="n"> Definition </select>`

Dabei wird n durch die gewünschte Anzahl der Auswahlmöglichkeiten ersetzt.

Erstellen wir nun ein Formular, das zwei Auswahlfelder enthält, eines mit nur einem sichtbaren Eintrag und eines mit vier sichtbaren Einträgen.

```
<?xml version="1.0"?>
<!DOCTYPE html PUBLIC "-//W3C//DTD XHTML 1.0 Strict//EN"
"DTD/xhtml1-strict.dtd">
<html xmlns="http://www.w3.org/1999/xhtml" xml:lang="en"
lang="en">
 <head>
 <title> Auswahlfelder </title>
 </head>
 <body>
<form method="post" action="mailto:info@kobert.com">
<select size="1" name="Liste1">
<option>erste Auswahl </option>
<option>zweite Auswahl </option>
<option>dritte Auswahl </option>
<option>vierte Auswahl </option>
</select>
<select size="4" name="Liste">
<option>Auswahl 1 </option>
<option>Auswahl 2 </option>
<option>Auswahl 3 </option>
<option>Auswahl 4 </option>
</select>
</form>
</body>
</html>
```

> **HINWEIS**
>
> Das Tag `<option>` hat ein Attribut, das häufiger eingesetzt wird. Das Attribut `selected` eröffnet die Möglichkeit, einen Eintrag fest zu selektieren. Sinn macht dies jedoch nur, wenn Sie auch gleichzeitig dem Tag `<select>` das Attribut `multiple` zuordnen.

Formulare

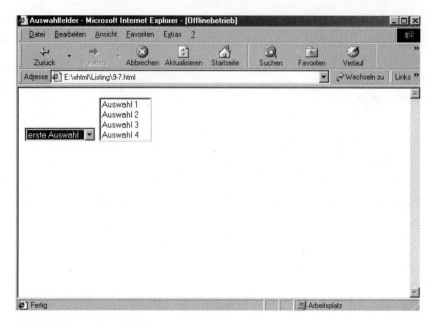

Abb. 9.7: Listenauswahlfelder

9.7 CGI

An dieser Stelle gebe ich Ihnen kurz eine Einführung in *CGI*, wobei wir uns nicht mit der Programmierung von CGI beschäftigen. Da auf ein paar Seiten die Programmierung sowieso nicht erlernbar ist, vermittle ich Ihnen nur so viel Wissen, wie Sie brauchen, um zu verstehen, um was es überhaupt geht. Zur Einarbeitung in die Materie gibt es ausreichend Literatur (z.B. Das Einsteigerseminar PERL, bhv-Verlag). Gegen Ende des Kapitels finden Sie dann noch ein paar WWW-Adressen, wo Sie CGI-Scripte zur freien Verwendung herunterladen können.

Jeder XHTML-Programmierer sollte wissen, was CGI ist. Auf den meisten Homepages begegnen Sie den Ergebnissen eines CGI-Scripts oder Programms: Seitenzähler und Formularauswertungen sind meist durch CGI-Programme oder Scripte realisiert. Viele Provider von Web-Space bieten ihren Kunden auch schon fertige CGI-Lösungen an, um ihre Formulare auszuwerten.

CGI – Was ist das eigentlich?

CGI ist die Abkürzung für *Common Gateway Interface* und war lange Zeit die einzige Möglichkeit, Interaktionen zwischen dem Web-Server und dem Client des Nutzers herzustellen.

Aber auch durch die neuen Möglichkeiten von XHTML ist CGI noch lange nicht überflüssig geworden. Seitenzähler und statistische Auswertungen sind nur zwei von vielen Beispielen, bei denen die Realisierung nur durch CGI-Programme möglich ist.

Um nun zu erklären, was das CGI nun eigentlich ist, muss ich etwas weiter ausholen. Das World Wide Web funktioniert nach dem Client-Server-Prinzip, das heißt, ein Rechner stellt Informationen zur Verfügung, und der andere ruft die Informationen ab. Bei statischen Informationen ist dies recht simpel zu realisieren.

Wenn die Informationen nicht statisch vorliegen, sondern dynamisch (z.B. als Ergebnis einer Abfrage bei einem Suchsystem) zum Client übermittelt werden, wird es etwas komplizierter. Der Client muss über den Web-Browser mit einem Programm auf dem Server kommunizieren. Dazu wird eine standardisierte Schnittstelle benötigt, und Sie ahnen es sicherlich: Diese Schnittstelle ist das Common Gateway Interface, kurz CGI.

So kann jeder Surfer des WWW mit Programmen auf fremden Rechnern arbeiten – dank *CGI*. Auch das Nutzen von CGI-Programmen auf einer Homepage ist weit weniger aufwendig als allgemein angenommen: Die meisten Betreiber von Servern bieten ihren Kunden eine ganze Reihe von Programmen zur Nutzung an, und CGI-Scripte zu erstellen ist auch für Einsteiger durchaus erlernbar, allerdings sollten Sie sich vorher gut mit XHTML und den Protokollen des WWW auskennen.

Grundlagen des HTTP

Bevor Sie CGI-Scripte z.b. mit PERL erstellen – das ist sicher die Programmiersprache, die am häufigsten für CGI-Scripte verwendet wird – sollten Sie sich mit dem *HyperText Transfer Protocol*, kurz HTTP, befassen. Dies ist das Protokoll, das für die Kommunikation zwischen Client und Server im World Wide Web zuständig ist.

Allein über das HyperText Transfer Protocol ließe sich ein ganzes Buch schreiben. Ich möchte Ihnen an dieser Stelle nur das Verständnis über die Funktionsweise des HTTP vermitteln. Dafür benötigen wir nicht einmal eine Seite.

Zunächst einmal fordert der Client über die Software des Webbrowsers eine URL auf dem Server an, die ein CGI-Script enthält. Der Server führt daraufhin das Script aus, das wiederum die Ergebnisausgabe nach den Regeln des HyperText Transfer Protocol an den Client zurückschickt.

Eine der meistgenutzten CGI-Anwendungen im WWW ist die Realisierung von Kontaktformularen, die nach Absenden per E-Mail an den Empfänger gesendet werden. Zur Verdeutlichung erläutere ich an diesem Beispiel noch einmal die Vorgänge.

Nach dem Ausfüllen eines Kontaktformulars wird durch Klicken der *Submit-Schaltfläche* der Inhalt des Formulars an eine URL auf dem Server geschickt und das CGI-Programm oder Script ausgeführt. Nach der internen Verarbeitung durch Weiterleitung an eine vorgegebene E-Mail-Adresse erhält der Absender eine Bestätigung über den Erhalt des Formulars. Dazu erzeugt das CGI-Programm ein XHTML-Dokument, das nun auf der Oberfläche des Browsers zu sehen ist.

Der Client sendet einen Request, das ist eine Anfrage. Daraufhin schickt der Server zuerst einen *Antwort-Header*, das ist der HTTP-konforme Ablauf.

Was für einen Antwort-Header der Server sendet, muss im CGI-Programm bereits programmiert sein, außerdem werden die unterschiedlichsten Daten gesendet. Das CGI-Programm muss also automatisch erkennen, um was für Daten es sich da handelt. Dafür sind die *Content-Type-Antwort-Header* zuständig.

Alle Übertragungen, die durch das HTTP-Protokoll geregelt werden, bestehen aus einem *Header*, also den Kopfinformationen, und dem *Content*, dem eigentlichen Inhalt.

Gerade im Zusammenhang mit Formularen werden Sie immer wieder auf den Begriff CGI stoßen. Jetzt kennen Sie die Grundlagen und können die Materie besser verstehen.

CGI-Ressourcen

Unter den folgenden vier Webadressen finden Sie freie Scripte zum Download und Einsatz auf Ihrer Web-Site. Dabei handelt es sich in erster Linie um PERL-Dateien, aber auch andere (z.B. JavaScript) sind dort zu finden.

▶ *hp://worldwidemart.com/scripts/*

▶ *http://www.PERL.com*

▶ *http://www.cgi-resources.com*

▶ *http://www.cgi-free.com*

9.8 Zusammenfassung, Fragen und Übungen

Zusammenfassung

▶ Ihr XHTML-Formular können Sie mit verschiedenen Feldern zur Eingabe von Daten oder zur Auswahl vorgegebener Optionen versehen.

▶ Mithilfe von Scripten lassen sich gesendete Formulare auf dem Server verarbeiten.

▶ Die Definition eines Formulars wird zwischen die Tags `<form>` und `</form>` geschrieben.

▶ Radio- und Checkbuttons dienen der Selektion bestimmter vorgegebener Optionen.

▶ Das Attribut `method` legt fest, wie die Daten verarbeitet werden.

▶ Das Attribut `action` legt fest, wohin der Formularinhalt gesendet wird.

▶ Das Tag `<button>` ermöglicht das Erstellen von Buttons, zum Absenden des Formularinhalts.

Fragen und Übungen

1. Welches Tag dient zum Erstellen eines einfachen Textfeldes?
2. Welches Tag ermöglicht das Erstellen mehrzeiliger Textfelder?
3. Wie kann ein Formularinhalt ohne Einsatz eines Scripts per E-Mail verschickt werden?
4. Welche Werte kann das Attribut type innerhalb des Tags <button> erhalten?
5. Wie wird die Submit-Schaltfläche in XHTML realisiert?
6. Erstellen Sie ein Listenfeld mit drei Einträgen.
7. Wie wird ein Eingabefeld als Passworteingabefeld definiert und was erscheint beim Benutzer innerhalb des Eingabefeldes, wenn ein Passwort eingegeben wird?
8. Wie lässt sich die Größe eines Texteingabefeldes definieren?

10 Cascading Style Sheets

XHTML 1.0

10 Cascading Style Sheets

An dieser Stelle kann ich Ihnen nur eine kleine Einführung in die Grundzüge der *Cascading Style Sheets* (CSS) geben, denn das Thema ist so umfangreich, dass es leicht ein ganzes Buch füllen kann. Zu XHTML gehört auf jeden Fall die Einbindung über das Tag `<style>` und durch das Tag `<link />`.

10.1 Was ist ein Style Sheet?

Von Ihrem Textverarbeitungsprogramm her kennen Sie sicherlich Formatvorlagen, die bei Microsoft Word Druckformatvorlagen heißen. Ein Style Sheet ist nichts anderes, nur dass es für ein XHTML-Dokument oder auch ein XML-Dokument ist.

Dabei werden definierten Absätzen Formate, wie z.B. Größen und Farben, zugewiesen. In XHTML können Formatvorlagen jedoch mehr, so können Sie damit auch positionieren oder Hintergrundgrafiken einbinden.

> **HINWEIS** Seit HTML 4.0 schreiben die Spezifikationen vor, dass Hintergrundgrafiken durch Style Sheets realisiert werden. Aber Achtung, die Unterstützung durch die Browser ist immer noch mangelhaft.

Der besondere Vorteil von Style Sheets ist die Möglichkeit, dass ein einheitliches Aussehen aller Seiten einer Web-Site wesentlich einfacher zu realisieren ist. Außerdem kann der Aufwand ein einheitliches Seitendesign innerhalb der Web-Site zu erhalten wesentlich reduziert werden, da ein Style Sheet immer wieder verwendet werden kann.

10.2 Ein Style Sheet einbinden

Es stehen Ihnen zwei Möglichkeiten zur Verfügung, ein Style Sheet für Ihre Seite zu verwenden. Sie können das Style Sheet direkt in Ihrem XHTML-Quelltext definieren, oder Sie binden eine externe Style-Sheet-Datei in das Dokument ein. Betrachten wir uns diese Möglichkeiten zunächst etwas genauer.

Internes Style Sheet

Um den XHTML-Quelltext übersichtlich zu halten, sollten Sie nur kurze Style Sheets direkt im Quelltext definieren. Das Style Sheet wird im Kopfteil des XHTML-Dokuments definiert, also zwischen den Tags `<head>` und `</head>`. Die eigentliche Style Sheet-Definition befindet sich dann zwischen den Tags `<style>` und `</style>`.

Sie müssen immer angeben, welche Art von Style Sheets Sie verwenden, dazu existiert das Attribut `type`, das als Wert den MIME-Typ erhält. Da wir hier ausschließlich von den *Cascading Style Sheets* reden, gilt bei uns immer `TYPE="text/css"`:

```
<style type="text/css"> Definition </style>
```

In einen XHTML-Quelltext integriert sieht das dann folgendermaßen aus:

```
<?xml version="1.0"?>
<!DOCTYPE html PUBLIC "-//W3C//DTD XHTML 1.0 Strict//EN"
"DTD/xhtml1-strict.dtd">
<html xmlns="http://www.w3.org/1999/xhtml" xml:lang="en" lang="en">
 <head>
 <title> </title>
<style type="text/css" >
```

```
Hier folgt die Definition des Style Sheets.
</style>
</head>
<body>
</body>
</html>
```

Externes Style Sheet

Um eine externe Cascading-Style-Sheet-Datei einem XHTML-Dokument zuzuweisen, müssen wir innerhalb des Dokumentenkopfes, also zwischen den Tags `<head>` und `</head>`, eine entsprechende Anweisung geben.

Für die Anweisung benötigen wir ein Tag, das wir bisher noch nicht besprochen haben, es handelt sich um das Tag `<link />`. Sie sehen es bereits an der Schreibweise, es handelt sich um ein leeres Element.

`<link href="datei" rel="Style Sheet" type="text/css" />`

Hier wird auf eine externe Datei verwiesen, die die Definition des Style Sheets enthält. Zur näheren Definition wurden dann noch die Attribute `href` und `type` eingesetzt. Hierbei muss `datei` durch den Namen der CSS-Datei ersetzt werden. Der MIME-Typ lautet bei CSS immer `text/css` und ist oben bereits eingesetzt.

Es gibt noch weitere Formen der Einbindung externer Style-Sheet-Dateien, dies ist die einfachste Form.

Einbindung in XML

Die letzten beiden Möglichkeiten ein Style Sheet einzubinden, sind wie gesagt nicht die einzigen. Ich erwähnte bereits, dass ein XHTML-Dokument immer auch ein XML-Dokument ist.

Die Zuordnung von Style Sheets erfolgt bei XML-Dokumenten jedoch anders. In der Zukunft könnte es sein, dass XHTML-Dokumente nicht nur von Browsern verarbeitet werden, sondern auch von Programmen für XML-Dateien. Soll das XHTML-Dokument also nicht als HTML-, sondern als XML-Dokument verwendet werden, dann muss die Einbindung eines Style Sheets durch die folgende Zeile erfolgen:

```
<?xml-Style Sheet href="datei" type="text/css"?>
```

Dabei wird `datei` durch den Namen der CSS-Datei ersetzt. Dies ist hier nur der Vollständigkeit halber erwähnt, wenn Sie dies nutzen wollen, müssen Sie sich zunächst mit XML befassen.

10.3 Ein Style Sheet definieren

Wir betrachten uns hier immer nur eine externe Style Sheet-Datei. Wenn Sie ein internes Style Sheet erstellen möchten, dann setzen Sie die Definition einfach zwischen die Tags `<style>` und `</style>`.

Beim Erstellen eines Style Sheets weisen Sie den einzelnen Tags bestimmte Formatierungen zu, die Sie innerhalb des Style Sheets definiert haben. Innerhalb der Definition wird zuerst das Element genannt, darauf folgt eine geschweifte Klammer ({), dann die Definition der Formatierung und zum Schließen wieder die geschweifte Klammer (}).

Innerhalb der Klammer wird mit dem *Schlüsselwort* die Art der Formatierung festgelegt, worauf nach einem Doppelpunkt der *Wert* folgt, der z.B. die Schriftgröße, den Abstand oder auch die Farbe angibt:

```
Elementname
{
Schlüsselwort : Wert;
}
```

Sie sehen, die Definition eines Style Sheets ist im Prinzip eine ganz einfache Sache. Einige wichtige Formatierungsmöglichkeiten, die Sie mit

Style Sheets umsetzen können, möchte ich Ihnen nun Schritt für Schritt erläutern.

 Die verwendete Schreibweise ist nicht unbedingt erforderlich, sie gestaltet einen Quelltext mit Style Sheets allerdings wesentlich übersichtlicher, insbesondere, wenn mehrere Formatierungen und Tags benutzt werden.

Ein Text, der in der obigen Form erstellt wurde, muss dann nur noch unter dem gewünschten Namen abgespeichert werden. Dabei ist es wichtig, dass Sie die Endung CSS verwenden. Ein gültiger Dateiname ist also z.B. TEXT.CSS, den wir in unserem obigen Beispiel verwendet haben.

Schriftarten

Wenn Sie bestimmte Schriftarten oder auch Schriftfamilien in Ihrem XHTML-Dokument verwenden möchten, dann können Sie dies mithilfe von Style Sheets erreichen. Damit der Web-Browser die Anweisungen korrekt interpretiert, ist es Voraussetzung, dass die Schriftart auf dem Computer des Betrachters auch verfügbar ist.

Verwenden Sie am besten nur solche Schriftarten, von denen Sie voraussetzen können, dass sie auf vielen Computern verfügbar sind, wie z.B. die mit Windows mitgelieferten Schriftarten.

Eine Schriftart wird bei CSS durch das Schlüsselwort `font-family` angegeben:

```
Tag { font-family: name; }
```

Dabei wird `Tag` durch das Tag, also den Tagnamen des Tags, das die Schriftart zugewiesen bekommt, ersetzt und `name` durch den Namen der gewünschten Schriftfamilie.

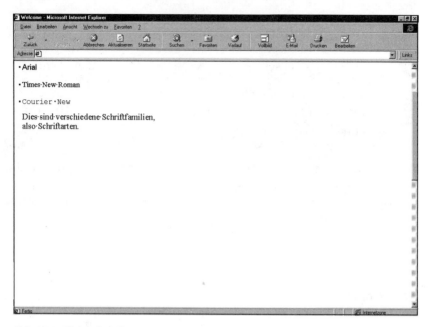

Abb. 10.1: Einige Schriftarten durch CSS

> **HINWEIS**
> Der Tagname ist das Tag ohne die spitzen Klammern. Also z.B. <pre> wird zu pre und <h1> zu h1.

Kommen wir nun zu einem Beispiel, um unsere erste brauchbare CSS-Datei zu erstellen. Wir wollen, dass der Text, der zwischen den Tags <p> und </p> steht in *Arial* erscheint:

```
p
{
font-family: arial
}
```

So lassen sich nun für beliebige Tags Ihres XHTML-Dokuments Schriftarten festlegen.

> **HINWEIS** Beachten Sie, dass die Verwendung vieler Schriften in einem Dokument nicht schön, nicht gut lesbar und auch nicht professionell ist. Profis setzen möglichst wenig verschiedene Schriftarten auf einer Seite ein. Variieren Sie lieber die Größen. Achten Sie doch einmal darauf, wie ansprechende Werbung gestaltet ist. Natürlich bestätigen auch hier Ausnahmen die Regel.

Schriftgrößen

Kommen wir nun zur Definition der Schriftgrößen, die eng mit der von Schriftarten verknüpft ist. Bei der Angabe einer Schriftart sollte auch immer die Größe definiert werden, da Sie nur so das Erscheinungsbild völlig unter Kontrolle haben.

Die Schriftgröße wird bei CSS durch das Schlüsselwort `font-size` angegeben:

```
Tag { font-size: n pt }
```

Dabei wird n durch die Schriftgröße in Punkt (pt) ersetzt.

Setzen wir das Ganze in einem Beispiel um, in dem der Text des Tags `<p>` in 10-Punkt-Größe erscheinen soll:

```
p
{
font-size: 10 pt
}
```

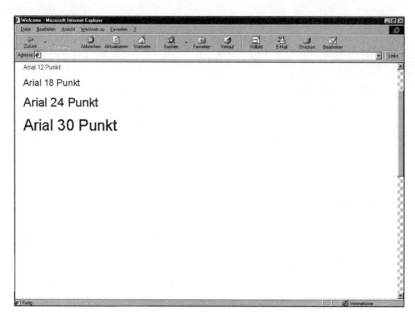

Abb. 10.2: Verschiedene Schriftgrößen

Farben definieren

Etwas Farbe kann einen Text übersichtlicher und besser lesbar machen. Bedenken Sie aber auch hier: Weniger ist oft mehr. Außerdem sollten Sie darauf achten, dass immer ein ausreichender Kontrast zum Hintergrund besteht.

Mit Style Sheets können Sie auch Farben bestimmten Tags zuordnen. In der Syntax funktioniert das genauso wie bei den Schriftarten. Lediglich das Schlüsselwort und der Wert sind anders, das Schlüsselwort heißt color:

Tag { color : Wert}

Dabei kann der Wert hier sowohl ein Farbname als auch der hexadezimale Code sein. Eine Tabelle mit den wichtigsten gültigen Farbnamen finden Sie im Anhang.

Da Rot in der Regel einen sehr auffälligen Kontrast zu normalerweise schwarzem Text und weißem Hintergrund bildet, werden wir im folgenden Beispiel den Text in Rot darstellen:

```
p
{
color : red
}
```

Hintergrundgrafik definieren

Bisher haben wir uns nur dem Text zugewandt. Aber auch der Hintergrund ist oft wichtig. Mit CSS können Sie dem Hintergrund eine Grafik zuweisen, was ja im World Wide Web gerne gemacht wird.

Abb. 10.3: Grafik als Hintergrund gekachelt

Die Syntax ist die bisherige. Lediglich das Schlüsselwort und der Wert sind anders, das Schlüsselwort heißt `background-image`:

```
Tag { background-image: url(datei) }
```

`Tag` wird wie immer durch den Namen des Tags ersetzt. In der Regel wird dies das Tag `body` sein. Ersetzen Sie `datei` nun noch durch den Namen der gewünschten Hintergrunddatei mit Endung (z.B. BILD.JPG).

Setzen wir die Hintergrunddefinition nun in einem Beispiel um:

```
body
{
background-image : url(titel.jpg)
}
```

Hintergrundfarben definieren

In der Syntax funktioniert das genauso, wie bisher kennen gelernt. Lediglich das Schlüsselwort und der Wert sind anders, das Schlüsselwort heißt `background-color`:

```
Tag { background-color: wert }
```

`Tag` wird hier durch den Namen des Tags ersetzt. In der Regel wird dies auch hier das Tag `<body>` sein, sozusagen das allumschließende Tag. Ersetzen Sie `wert` nun noch durch den Namen der gewünschten Farbe.

Die Hintergrunddefinition in einem Beispiel:

```
body
{
background-color: blue
}
```

> **HINWEIS**
>
> Solche Hintergrund-Farbdefinitionen wie auch Grafikdefinitionen lassen sich auch für beliebige Tags des Dokuments vornehmen, nicht nur für das Tag `<body>`. Dann wird nur der Inhalt des entsprechenden Tags mit dem jeweiligen Hintergrund versehen.

Mehrere Formate für ein Tag

Richtig interessant wird der Einsatz von CSS erst durch die Möglichkeit, einem Tag mehrere Formate zuzuweisen, also z.B. Schriftgröße, Schriftart und Farbe.

Durch das Verwenden mehrerer Schlüsselwörter zu einem Tag lässt sich dann jeder gewünschte Effekt im Schriftbild erzeugen. Um unsere letzten drei Formatierungen einem Tag zuzuordnen benötigen wir dann einen Quelltext.

Die Syntax ist genauso, wie bereits weiter oben gelernt, die verschiedenen Formatierungseigenschaften werden jedoch jeweils durch ein Semikolon voneinander getrennt:

```
tag
{
Schlüsselwort 1 : Wert;
Schlüsselwort 2 : Wert
}
```

So lassen sich zwei oder mehr Formatierungseigenschaften einem Tag zuweisen. Im folgenden Beispiel soll der Inhalt des Tags `<p>` in *Arial*, 14 Punkt Größe und blau dargestellt werden.

```
p
{
```

```
font-family: arial;
font-size: 14 pt;
color : blue
}
```

Mehrere Tags zuweisen

Bisher haben wir unseren CSS-Quelltext sehr kurz gehalten, wir haben immer nur die Definitionen für ein Tag verwendet. Um mehrere Tags zu definieren, werden die Definitionen einfach untereinander gelistet. Das folgende Beispiel verdeutlicht Ihnen dies.

```
p
{
font-family: arial;
font-size: 14 pt;
color : blue
}
pre
{
font-family: arial;
font-size: 10 pt;
color : red
}
```

In diesem Beispiel wurden die Tags <p> und <pre> mit Formatierungen versehen. Hier wird auch der Vorteil der nicht gerade platzsparenden Schreibweise des Listings deutlich; es ist wesentlich übersichtlicher.

Verschachtelte Tags

Sie können auch Stilvorgaben für verschachtelte Tags erstellen. Dabei tritt die Stilvorlage genau dann in Kraft, wenn diese Verschachtelung zutrifft. Um die Verschachtelung zu definieren, werden beide Tags, nur durch ein Leerzeichen getrennt, vor das Schlüsselwort geschrieben:

Tag1 Tag2 {Schlüsselwort: Wert}

Dabei wird `Tag1` durch das äußere Tag ersetzt und `Tag2` durch das innere.

Als Beispiel wollen wir nun, dass der Text innerhalb des Tags <p> in *Arial* mit 14 Punkt Größe gesetzt wird. Verwendet man innerhalb dieses Textes das Tag <pre>, dann wird eine Größe von 18 Punkt zugeordnet:

```
p
{
font-family: arial;
font-size: 14 pt
}
p pre
{
font-family: arial;
font-size: 18 pt
}
```

Beispiel einer Anwendung

Betrachten wir uns zur Verdeutlichung des Gesamtzusammenhangs einmal das Beispiel, das hinter der Abbildung 10.4 steht. Wir benötigen zwei Dateien, eine XHTML-Datei und eine CSS-Datei. Als Erstes betrachten wir den XHTML-Quelltext, der eine Web-Seite ist.

```
<?xml version="1.0"?>
<!DOCTYPE html PUBLIC "-//W3C//DTD XHTML 1.0 Strict//EN"
"DTD/xhtml1-strict.dtd">
<html xmlns="http://www.w3.org/1999/xhtml" xml:lang="en" lang="en">
 <head>
<link href="text.css" rel="Style Sheet" type="text/css" />
 <title> Style Sheet </title>
 </head>
 <body>
<h2> Dies ist die Überschrift (h2) </h2>
<p>
Dies ist unser Text, der im Tag p geschrieben ist.
<pre>
Dieser Text ist von p und pre eingeschlossen.
</pre>
<b>
Dieser Text ist von p und b umschlossen.
<b>
</p>
<b>
Dieser letzte Text wird nur durch b umschlossen.
</b>
</body>
</html>
```

Dazu benötigen wir die CSS-Datei TEXT.CSS. Der Quelltext dieser Datei muss dann wie folgt aussehen:

```
h2
{
```

```
font-family: arial;
font-size: 32 pt;
}

p
{
font-family: arial;
font-size: 14 pt;
}

p pre
{
font-family: arial;
font-size: 14 pt;
color : yellow
}

p b
{
font-family: arial;
font-size: 24 pt;
}

b
{
font-family: arial;
font-size: 18 pt;
}
```

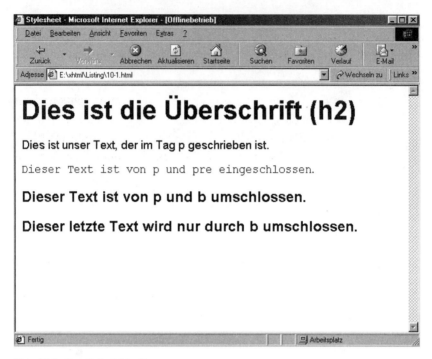

Abb. 10.4: Das Beispiel im Browser

Wenn Sie sich die Abbildung betrachten, dann fällt es Ihnen sicherlich auf: Die Formate der Tags werden nicht alle durch den Einsatz ungültig, nur solche, die auch in den CSS definiert sind, werden verändert. So hat sich z.B. die fette Formatierung des Tags <b> nicht geändert, lediglich die Größe und die Schriftart wurden beeinflusst.

> **HINWEIS** Es bietet sich an, bei CSS nur Tags zu verwenden, die keine eigenen Formatierungen beinhalten, also z.B. die Tags <span> und >div>.

Das Tag <div>

Das Tag <div> eignet sich hervorragend dafür, denn es hat keine eigene Formatierung im Browser. Sie brauchen also nicht alle möglichen Werte für die Formatierung anzugeben, sondern nur die benötigten. Angenommen, Sie verwenden h1 für normalen Text und wollen ihn rot haben, dann müssen Sie auch die Größe verändern, sonst ist die Schrift plötzlich riesig.

Das Tag <div> gibt immer Standardschrift aus, wenn nichts anderes definiert ist. In XHTML definiert <div> einen Abschnitt und am Anfang wird ein Zeilenumbruch erzeugt. Dieser Zeilenumbruch bleibt auch in CSS bestehen. Der Einsatz erfolgt zwischen den Tags <div> und </div>.

```
<div> Text </div>
```

Das Tag <span>

Das zum Tag <div> Gesagte gilt in vollem Umfang auch für das Tag <span>. Die einzige Ausnahme ist der Zeilenumbruch, <span> liefert ihn nicht. Das kann gewollt sein, man muss es nur wissen. Der Einsatz erfolgt zwischen den Tags <span> und </span>.

```
<span> Text </span>
```

10.4 Texte positionieren

So interessant diese Möglichkeiten im Vergleich zur Ausgabe ohne CSS auch sind, es kann nicht der Sinn sein, dass der Text einfach so aneinander gereiht abgebildet wird. Unter Webdesign versteht man etwas anderes.

Es ist natürlich so, dass die Möglichkeiten von CSS noch viel weiter gehen. An dieser Stelle möchte ich Ihnen deshalb noch einige Funktionen erläutern, die es gestatten den Text genau zu positionieren, und zwar viel genauer, als Sie es mit XHTML alleine können.

Dazu können Sie die Anzeige eines jeden Tags an beliebiger Stelle positionieren, sowohl absolut wie auch relativ zu der Position anderer Tags.

Dabei erfolgt die Positionierung nicht in der Art, links ausrichten, rechts ausrichten und zentrieren, sondern Sie geben die Position auf das Pixel genau an.

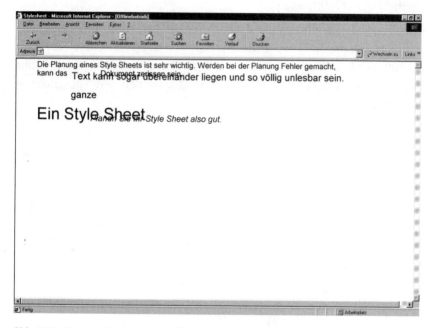

Abb. 10.5: Das passiert, wenn ein Style Sheet nicht geplant ist

Im Beispiel eines schlecht geplanten Style Sheets, das Sie in der Abbildung 10.5 sehen, wurden Positionen für Tags definiert, und diese Tags kamen doppelt vor, sodass es zu Überlagerungen der Schrift kam. Außerdem wurde vergessen auf die Verschachtelungen der Tags einzugehen, sodass der Text zusätzlich noch zerrissen wurde.

Umso etwas zu verhindern, sollten Sie den Einsatz eines Style Sheets sehr genau planen.

Festlegen des Bezugspunktes

Stellen Sie sich am besten ein Gitternetz auf der Fläche der Darstellung vor, so verstehen Sie das Folgende leichter. Dadurch lassen sich Seiteninhalte in ihrer Darstellung durch CSS genau planen.

Zunächst müssen Sie festlegen, ob die Position, an der das Tag abgebildet werden soll, eine absolute Position, hier also in Relation zum oberen Rand, ist, oder ob die Positionsangabe in Relation zu der Position eines anderen Tags steht. Dies wird mithilfe des Schlüsselworts `position` festgelegt:

```
Tag { position: wert }
```

Dabei wird `wert` durch einen der erlaubten Werte ersetzt. Der Wert `relative` setzt die Position in Abhängigkeit zu einem anderen Tag. Eine absolute Positionierung erreichen Sie durch die Angabe des Wertes `absolute`.

Setzen wir das Ganze in einem Beispiel um:

```
p
{
position: absolute
}
```

Festlegen der horizontalen Position

Nachdem der Bezugspunkt definiert ist, lässt sich die Position festlegen. Dazu dient das Schlüsselwort `left`, mit dessen Hilfe sich die horizontale Position des Tags bestimmen lässt:

```
Tag { left: n px }
```

Dabei wird `n` durch die Position, gerechnet in Pixeln (px) vom linken Rand aus, ersetzt.

Setzen wir das Ganze in einem Beispiel um, in dem die Position 25 Pixel vom linken Rand entfernt liegen soll:

```
p
{
left: 25 px
}
```

Festlegen der vertikalen Position

Da wir ja in der Regel mehrere Tags in unserem XHTML-Dokument haben, soll der Inhalt des Tags nicht nur horizontal positioniert werden, sondern auch vertikal. Das dazu benötigte Schlüsselwort heißt top und wird genauso gehandhabt wie das Schlüsselwort left:

```
Tag { top: n px }
```

Dabei wird n durch die Position, gerechnet in Pixeln (px) vom oberen Rand aus, ersetzt.

Setzen wir das Ganze in einem Beispiel um, in dem die Position 25 Pixel vom oberen Rand entfernt liegen soll:

```
p
{
top: 25 px
}
```

Genaue Positionierung

Damit nun der Inhalt eines Tags genau positioniert werden kann, müssen alle drei Schlüsselwörter eingesetzt werden. Wir müssen einen Bezugspunkt festlegen und wir müssen die horizontale und die vertikale Position angeben.

Hier ein Beispiel für eine korrekte Positionierung, bei der das Tag unabhängig von den anderen Tags positioniert wird. Dabei soll es 25 Pixel vom linken Rand und 25 Pixel vom oberen Rand entfernt sein.

```
p
{
position: absolute;
left: 25 px;
top: 25 px;
}
```

Beispiel eines Seitendesigns

Setzen wir das Ganze nun noch in einem Beispiel um. Hier zunächst der XHTML-Quelltext:

```
<?xml version="1.0"?>
<!DOCTYPE html PUBLIC "-//W3C//DTD XHTML 1.0 Strict//EN"
"DTD/xhtml1-strict.dtd">
<html xmlns="http://www.w3.org/1999/xhtml" xml:lang="en"
lang="en">
 <head>
 <link href="text1.css" rel="Style Sheet" type="text/css" />
 <title> Style Sheet </title>
 </head>
 <body>
 <h2> Positionierung </h2>
 <p> Dies ist die erste Position </p>
 <pre> und dies die zweite. </pre>
 <div> jetzt folgt die dritte </div>
 <span> und zum Schluss diese hier. </span>
 </body>
</html>
```

In der Abbildung 10.6 sehen Sie nun das Dokument, nachdem es zusammen mit der CSS-Datei TEXT1.CSS in den Internet Explorer geladen wurde.

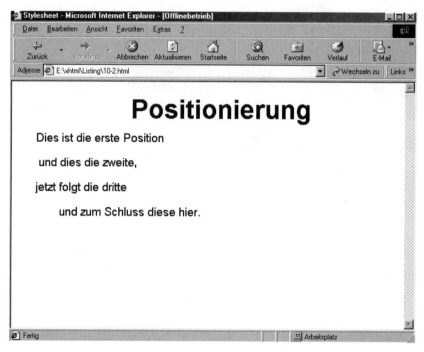

Abb. 10.6: Positionierung mit CSS

Der Quelltext der benötigten CSS-Datei mit dem Namen TEXT1.CSS:

```
h2
{
font-family: arial;
font-size: 32 pt;
position: absolute;
left: 200 px;
top: 20 px;
```

```
}

p
{
font-family: arial;
font-size: 14 pt;
position: absolute;
left: 40 px;
top: 80 px;
}

pre
{
font-family: arial;
font-size: 14 pt;
position: absolute;
left: 40 px;
top: 120 px;
}

div
{
font-family: arial;
font-size: 14 pt;
position: absolute;
left: 40 px;
top: 160 px;
}

span
```

```
{
font-family: arial;
font-size: 14 pt;
position: absolute;
left: 80 px;
top: 200 px;
}
```

10.5 Klassen bilden

Mit all dem können Sie nun schon recht ansehnliche XHTML-Seiten erstellen. Ihre Seite kann durchgestylt werden, wie es mit reinem XHTML nie möglich ist. So richtig interessant werden die Style Sheets jedoch erst durch die Möglichkeit, Klassen zu bilden.

Klassen bieten Ihnen die Möglichkeit, *Absatzformate* zu erstellen, die, wenn sie einmal vorhanden sind, Ihnen eine ganze Menge Arbeit abnehmen, da sie immer wieder eingesetzt werden können.

Dazu müssen Sie einen *Klassennamen* vergeben, und danach können Sie durch den vergebenen Namen einem Tag unterschiedliche Schriftattribute zuordnen. Die Namensvergabe erfolgt ganz einfach:

`tag.name {Schlüsselwort: Wert}`

Dabei wird `tag` durch das Tag, für das die Definition gelten soll, und `name` durch den gewünschten Klassennamen ersetzt, den Sie selber festlegen können.

Im folgenden Beispiel werden die Klassen `gross` und `klein` definiert. Die Klasse `gross` soll in 30 Punkt gesetzt werden, die Klasse `klein` in 10 Punkt. Beide sollen für das Tag `<div>` definiert werden:

```
div.gross
{
```

```
font-size: 30 pt
}
div.klein
{
font-size: 10 pt
}
```

Sie sehen, auch das ist recht einfach. Es wird zu der Ihnen bereits bekannten Definition lediglich der Name für die Klasse vergeben.

Der Einsatz innerhalb des XHTML-Quelltextes erfolgt durch ein Attribut. Es handelt sich dabei um das Attribut `class`, dessen Einsatz wie folgt ist:

`<tag class="name"> </tag>`

Dabei wird `tag` durch den Tagnamen und `name` durch den Klassennamen ersetzt.

Dadurch wird es möglich, dass Sie mit wenigen Tags Ihr Dokument gestalten können um ein übersichtliches und strukturiertes Dokument zu erhalten.

 Im Anhang finden Sie eine Liste von CSS-Schlüsselwörtern. Damit können Sie sich auch noch tiefer in die Materie einarbeiten.

10.6 Zusammenfassung, Fragen und Übungen

Zusammenfassung

▶ Style Sheets sind nichts anderes als Formatvorlagen für XHTML und für XML.

▶ Style Sheets können innerhalb des XHTML-Dokuments definiert werden, oder als externe Datei eingebunden werden.

▶ Durch Style Sheets können Sie Tags bestimmte Formatierungen zuweisen.

▶ Auch Hintergrundgrafiken lassen sich durch Style Sheets integrieren.

▶ Das Bilden von Klassen ermöglicht das Erstellen leistungsfähiger Formatvorlagen, die Sie immer wieder verwenden können.

▶ Mithilfe von Style Sheets können Sie Ihre XHTML-Seite punktgenau gestalten.

Fragen und Übungen

1. Lassen sich Style Sheets nur für XHTML verwenden?
2. Welche Möglichkeiten haben Sie, Style Sheets für ein XHTML-Dokument zu verwenden?
3. Welches Schlüsselwort dient zur Definition von Farben?
4. Wie positionieren Sie Ihren Text punktgenau?
5. Welches Attribut wird innerhalb des XHTML-Dokuments zum Aufruf einer Klasse benötigt?
6. Warum bietet es sich an, die Tags <span> und <div> zu verwenden?
7. Welches Schlüsselwort ermöglicht das Einbinden einer Hintergrundgrafik?
8. Nennen Sie die Style-Sheet-Definition für die Schriftgröße 24 Punkt innerhalb eines Absatzes.
9. Erstellen Sie ein Style Sheet, das Überschriften mit <h3> in 48 Punkt *Arial* und Text innerhalb von <p> in 12 Punkt *Arial* definiert.

Weitere Tags

XHTML 1.0

11 Weitere Tags

In diesem Kapitel gehe ich auf weitere Tags ein, die bisher noch nicht besprochen wurden. Im ersten Teil befassen wir uns mit dem Tag <object> und im zweiten Teil mit Tags, die auslaufend sind, Sie sollten sie also möglichst nicht mehr einsetzen. Des Weiteren sind auch einige Tags nicht mehr gültig, ihr Einsatz verstößt also gegen die Regeln von XHTML.

11.1 Multimedia – Das Tag <object>

Das Tag <object> eignet sich besonders gut zum Einbinden beliebiger Dateien. Von der Einbindung einer Grafik über Videos bis hin zur Einbindung von Java-Programmen ist alles möglich. Das Tag ist zwar nicht ganz neu, es wurde bis zur Version 4 von HTML jedoch lediglich vom Internet Explorer unterstützt und deshalb wenig eingesetzt. Seit HTML 4.0 ist ein forcierter Einsatz dieses Tags vorgesehen.

HINWEIS: Der Einsatz sollte dennoch wohl überlegt sein, da der Netscape Navigator das Tag noch nicht unterstützt. Der Netscape Communicator 5 wird das Tag dann aller Voraussicht nach unterstützen.

Die Syntax von <object>

Das Tag <object> wird immer mit mindestens zwei Attributen eingesetzt. Die einzubindende Datei wird mithilfe des Attributs data angegeben. Durch das Attribut type wird die Art der Datei angegeben:

<object data="Datei" type="MIME-Typ"> </object>

Dabei wird nun `Datei` durch den Dateinamen und `MIME-Typ` durch den MIME-Typ ersetzt.

Grafikeinbindung

Wenden wir uns zunächst der Einbindung von Grafiken zu. Dies bietet sich an, da es für Sie leicht nachvollziehbar ist, nachdem Sie die Grafikeinbindung mit dem Tag `<img />` ja bereits kennen. Außerdem ist es eine der häufigsten Anwendungen und Sie können das Tag dabei ganz gut kennen lernen.

Aus der Syntax ergibt sich, dass die einzubindende Grafik mithilfe des Attributs `data` festgelegt und durch das Attribut `type` die Art der Grafik angegeben wird.

Zwischen diesen beiden Tags kann bei Bedarf noch ein Alternativtext angegeben werden, der dann sichtbar ist, wenn die Grafik nicht gezeigt wird.

`<object data="Datei" type="MIME-Typ">` Alternativtext `</object>`

Für Grafiken benötigen Sie meist einen der beiden folgenden MIME-Typen:

Dateityp	MIME-Typ
jpg	image/jpeg
gif	image/gif

Tab. 11.1: MIME-Typen für Grafiken

Ein Beispiel

Nun kommt ein Beispiel, das die bisherige Theorie umsetzt. Dazu werden Sie eine Grafik in ein Dokument einbinden und einen Alternativtext zur Anzeige setzen.

```
<?xml version="1.0"?>
<!DOCTYPE html PUBLIC "-//W3C//DTD XHTML 1.0 Strict//EN"
"DTD/xhtml1-strict.dtd">
<html xmlns="http://www.w3.org/1999/xhtml" xml:lang="en"
lang="en">
 <head>
 <title> Grafik </title>
 </head>
 <body>
<h2> Eine Grafik </h2>
<object data="bild4.gif" type="image/gif">
Dies ist mein Bild.
</object>
 </body>
 </html>
```

Das Ergebnis, das nicht anders aussieht, als wenn es mit dem Tag <img /> eingebunden wäre, sehen Sie in Abbildung 11.1.

Abb. 11.1: Einbinden einer Grafik

Nun sieht der Betrachter das Bild; hat er die Grafikdarstellung abgeschaltet, erscheint der Alternativtext. Falls der Browser das Tag <object> noch nicht versteht, erscheint auch der Alternativtext, da dieser Text dann das Einzige ist, was er interpretieren kann. Erinnern Sie sich: Ein Browser lässt Tags, die er nicht versteht, einfach unbeachtet, und deshalb gibt es keine Probleme mit Tags, die nicht interpretiert werden können.

Grafiken mit Rand

Auch das Attribut border lässt sich zusammen mit dem Tag <object> einsetzen, wobei die Verwendung genauso wie bei dem Tag <img /> erfolgt:

`<object data="bild4.gif" type="image/gif" BORDER="n">`

Dabei wird n wieder ersetzt durch die Anzahl der Pixel, für die Stärke des Randes.

Da die Syntax ansonsten der des Einsatzes unter dem Tag <img /> entspricht, gehe ich nicht weiter hierauf ein. Probieren Sie einfach mal die Beispiele aus dem Kapitel 6 aus.

Grafik ausrichten & beschriften

Wie schon beim Tag <img /> wird auch hier die Ausrichtung und die Beschriftung durch das Attribut align umgesetzt:

`<object data="bild4.gif" type="image/gif" align="n"> </object>`

Dabei kann n durch folgende Werte ersetzt werden:

Der Wert center

Die Grafik wird in der Seitenmitte zentriert.

Der Wert left

Die Grafik wird am linken Seitenrand ausgerichtet.

Der Wert right

Die Grafik wird am rechten Seitenrand ausgerichtet.

Der Wert baseline

Die Grafikunterkante liegt auf der Textlinie (mögliche Anwendung: Beschriftung unten).

Der Wert middle

Die Mitte der Grafik liegt auf der Textlinie (mögliche Anwendung: mittige Grafikbeschriftung).

Der Wert textbottom

Die untere Kante der Grafik liegt auf der unteren Textlinie (mögliche Anwendung: Beschriftung unten).

Der Wert textmiddle

Die Bildmitte liegt auf der Mitte der Textlinie (mögliche Anwendung: mittige Grafikbeschriftung).

Der Wert texttop

Die Grafikoberkante liegt an der oberen Kante der Schrift an (mögliche Anwendung: Beschriftung oben).

Sicher ist Ihnen aufgefallen, dass Sie jetzt mehr Möglichkeiten haben, als dies bei der Ausrichtung und Beschriftung mit dem Tag <img /> der Fall war.

Videoeinbindung

Auch Videos lassen sich einbinden, dabei verwenden wir die bekannte Syntax und ersetzen nur die entsprechenden Werte:

`<object data="Datei" type="MIME-Typ"> </object>`

Das einzubindende Video wird nun mithilfe des Attributs `data` festgelegt und durch das Attribut `type` wird der entsprechende MIME-Typ angegeben.

Bei einem MPEG-Video sähe die Einbindung z.B. wie folgt aus:

`<object data="video.mpeg" type="application/mpeg"> </object>`

Einige Datei- & MIME-Typen

An dieser Stelle möchte ich Ihnen noch eine Liste gängiger MIME-Typen zur Hand geben. Auf meiner Web-Site (*www.kobert.de*) finden Sie noch eine wesentlich umfangreichere Liste.

Dateityp	MIME-Typ
pdf	application/pdf
dxf	application/dxf
jpg	image/jpeg
gif	image/gif
png	image/png
snd	audio/basic

Dateityp	MIME-Typ
bin	application/octet-stream
htm	text/html
html	text/html
latex	application/x-latex
mpg	video/mpeg
eps	application/postscript
mov	video/quicktime
rtf	application/rtf
txt	text/plain
tif	image/tiff
avi	video/avi
wav	audio/x-wav
zip	application/zip

Tab. 11.2: Liste mit MIME-Typen

Java-Applets einbinden

Alle neueren Browser können Java-Applets ausführen, ältere Browser können damit jedoch Probleme haben. Java-Applets sind Programme, die im Browser innerhalb eines definierten Bereichs ablaufen können. Sie haben die Dateiendung CLASS. Die Einbindung erfolgt nach folgender Syntax:

```
<object classid="java:name" "codebase=URL" codetype="application/java-vm"> </object>
```

Dabei wird name durch den Dateinamen ersetzt; URL wird durch die Pfadangabe oder die Server-Adresse, auf der sich das Applet befindet, ersetzt. Die beiden verwendeten Attribute heißen hier classid und codetype.

ActiveX-Controls einbinden

ActiveX-Controls werden dagegen nur vom Microsoft Internet Explorer unterstützt. Genauso wie Java-Applets sind ActiveX-Controls Programme, die im Browser ausgeführt werden. Die Syntax der Einbindung lautet:

```
<object "classid=clsid:id" data="name" codebase="URL"> </object>
```

Dabei wird `id` beim Attribut `classid` durch die Bezeichner-ID des ActiveX-Controls ersetzt; der Wert `name` wird durch den Namen der Datei mit den Initialisierungsdaten ersetzt; `URL` wird durch die Pfadangabe oder die Server-Adresse, auf der sich das Control befindet ersetzt.

Die Einbindung von ActiveX und Java ist also recht einfach. Das Erstellen dieser Programme benötigt dagegen schon wieder mehr Wissen. Dies ist jedoch ein anderes Thema. Fertige Programme gibt es auch zur freien Nutzung im Web.

11.2 Tags, die Sie nicht verwenden sollten

In HTML 4.01 wurden Tags festgelegt, die nicht mehr verwendet werden dürfen oder sollen. Da der Befehlsumfang von XHTML 1.0 dem von HTML 4.01 entspricht, sollten Sie diese »schwarze Liste« mit Tags beachten.

Hier finden Sie Tags, die zwar nicht mehr verwendet werden sollten, aber dennoch von den meisten Browsern zur Zeit noch unterstützt werden. Es ist jedoch nur eine Frage der Zeit, bis sie nicht mehr unterstützt werden.

Auslauftags

Die Verwendung einiger Tags ist nicht mehr erwünscht, obwohl sie noch in der Spezifikation von HTML 4.0 enthalten sind. Es wird wohl darauf hinauslaufen, dass diese Tags in der nächsten oder zumindest einer der nächsten Versionen von HTML nicht mehr definiert werden, da sie veraltet sind.

Sie sollten also die nachfolgenden Tags möglichst nicht mehr in Ihrer Programmierung einsetzen.

Das Tag <isindex>

Das Tag <isindex> wird im Kopfteil des Dokumentes eingesetzt, und wenn ein Web-Browser dieses Tag interpretiert, erscheint ein Texteingabefenster. Der darin eingegebene Text wurde nach Betätigen der ⏎ Taste an die URL der Seite angehängt.

Auf diese Weise können bei CGI-Scripten Abfragen getätigt werden. Sinn macht die Verwendung des Tags <isindex> also nur bei HTML-Dokumenten, die ein CGI-Script enthalten.

Dieses Tag soll in Zukunft durch Verwendung des Tags <input> abgelöst werden.

Das Tag <applet>

Zur Einbindung von Applets in HTML-Dokumente dient das Tag <applet>, das Sie möglichst nicht mehr verwenden sollten.

Das seit HTML 4.0 forcierte Tag <object> ist universeller anwendbar und soll in Zukunft das Tag <applet> ersetzen.

Das Tag <center>

Bereits in der HTML-Version 3.2 galt dieses Tag als veraltet. Alles was sich zwischen <center> und </center> befindet, wird zentriert dargestellt. Durch z.B. <div align="center"> und </div> erreichen Sie das gleiche, und so sollten Sie in Zukunft auch den Quelltext gestalten.

Dies dient der Vereinheitlichung der Programmierung. Da fast alle Tags inzwischen mit dem Attribut align positionierbar sind, ist es nicht mehr zeitgemäß, für das Zentrieren ein gesondertes Tag zu haben.

Das Tag <font>

Durch das Tag <font> lassen sich viele ansprechende Variationen eines Textes erstellen. Nicht nur verschiedene Schriftarten, auch Farben und Größen lassen sich in nahezu beliebigen Variationen verwirklichen. Leider wurde dieses Font viel zu selten eingesetzt, und eine Reihe von Web-Browsern unterstützt es nicht.

Ersetzt wird das Tag <font> durch das Verwenden des Tags <style> zur Definition von Stilvorlagen. Die Möglichkeiten von <font> bleiben Ihnen so erhalten.

Das Tag <basefont>

Ebenfalls durch Stilvorlagen, mithilfe des Tags <style> erstellt, wird das Tag <basefont> ersetzt. Durch den Einsatz des Tags <basefont> können Sie Schriften in sieben Stufen vergrößern.

Das Tag <strike>

Mit dem Tag <strike> wird bisher durchgestrichener Text dargestellt. In Zukunft soll stattdessen das Tag <style> verwendet werden.

Das Tag <s>

Mit dem Tag <s> wird ebenfalls durchgestrichener Text dargestellt. Wie auch das Tag <strike> soll stattdessen in Zukunft durchgestrichener Text durch Style Sheets, also durch das Tag <style> ersetzt werden.

Das Tag <u>

Mit dem Tag <u> wurde bisher unterstrichener Text dargestellt. Der Sinn, in HTML-Dokumenten Text zur Markierung oder Hervorhebung zu unterstreichen, war sowieso sehr fraglich, da Verknüpfungen auch durch unterstrichenen Text markiert sind und dadurch der Betrachter nur verwirrt wurde. Dennoch kann unterstrichener Text dargestellt werden: In Zukunft soll stattdessen das Tag <style> mit den entsprechenden Attributen verwendet werden.

Das Tag <dir>

Durch die Tags <dir> und </dir> werden Listen mit kurzen Einträgen definiert. Es besteht auch die Möglichkeit, diese Listen in Spalten zu setzen.

Das nicht mehr zu benutzende Tag <dir> soll jetzt durch das Tag <ul> ersetzt werden.

Das Tag <menu>

Ebenfalls durch das Tagpaar <ul> </ul> ersetzt werden soll ab sofort das Tag <menu>. Mit dem Tag werden so genannte geordnete Listen markiert, deren Inhalt eine Zeile nicht übersteigt.

Ausgeschiedene Tags

Die nachfolgenden Tags sind nicht mehr innerhalb der Spezifikation für HTML 4.01 (und damit gilt dies auch für XHTML 1.0) aufgeführt und werden in Zukunft auch von neuen Browsern nicht mehr unterstützt. Verwenden Sie diese Tags deshalb keinesfalls mehr, da Sie sonst keine gültigen XHTML-Dokumente erstellen. Dies sind die Tags im Einzelnen:

Das Tag <listing>

Text, der zwischen den Tags `<listing>` und `</listing>` steht, wurde durch eine nichtproportionale Schrift dargestellt. Da dieses Tag nach den XHTML-Spezifikationen nicht mehr benutzt werden darf, sollten Sie stattdessen das Tag `<pre>` verwenden, das für vorformatierten Text eingesetzt wird.

Das Tag <plaintext>

Markierter Text innerhalb einer nichtproportionalen Schrift wurde bisher zwischen die Tags `<plaintext>` und `</plaintext>` geschrieben. Auch dieser Funktionsumfang wird durch das Tag `<pre>` voll ersetzt.

Das Tag <xmp>

Die Tags `<xmp>` und `</xmp>` dürfen in Zukunft nicht mehr verwendet werden. Stattdessen können Sie die Tags `<pre>` und `</pre>` verwenden. Die Funktion beider Tagpaare ist gleich.

11.3 Zusammenfassung, Fragen und Übungen

Zusammenfassung

▶ Durch das Tag `<object>` können Sie Grafiken in Ihre Dokumente einbinden.

▶ Neben Grafiken können Sie weitere Dateien, u.a. Videos, einbinden.

▶ Auch Programme können durch das Tag `<object>` eingebunden werden.

▶ Es gibt Tags, die Sie noch verwenden können, dies aber möglichst vermeiden sollten.

▶ Es gibt Tags, die seit HTML 4 ausgeschieden sind. Verwenden Sie diese nicht mehr.

Fragen und Übungen

1. Wie binden Sie eine Grafik durch das Tag `<object>` ein?
2. Wie können Sie einen Rand um die Grafik definieren?
3. Was sind Auslauftags?
4. Was sind ausgeschiedene Tags?
5. Nennen Sie drei Tags, die nicht mehr verwendet werden dürfen.
6. Nennen Sie drei Tags, die Sie nicht mehr verwenden sollten.

12 Eigene Tags

XHTML 1.0

12 Eigene Tags

Bevor Sie sich jetzt Hoffnungen machen – das ultracoole Megatag, das die Größe und die Farben wechselt, können Sie nicht selbst definieren. Der Browser muss das Tag ja kennen, er muss wissen, wie er es darstellen soll.

In diesem Kapitel erfahren Sie, wie der Browser das Tag kennen lernt; dargestellt werden muss es dann jedoch mithilfe von Style Sheets. Also nichts Neues für die Darstellung.

Was Sie definieren können, sind semantische Tags, die den Inhalt strukturieren, aber nicht formatieren. Möglich wird dies dadurch, dass XHTML auf XML basiert.

> **HINWEIS** Ein Einsatz mit eigenen Tags, wie er hier besprochen wird, funktioniert so noch nicht, da kein Browser den Einsatz mehrerer DTDs zulässt. Ohne die Definition der Tags in einer DTD funktioniert es jedoch.

12.1 XML-Grundlagen

Wenn Sie also mit dem Gedanken spielen, eigene Tags zu verwenden, dann benötigen Sie XML-Wissen. Um Ihnen XML nahe zu bringen benötigen wir mehr Seiten, als dieses Buch hat, also kann ich Ihnen hier nur eine kleine Einführung in das Thema geben.

Danach werden Sie aber dennoch das eine oder andere Tag definieren können und zumindest in den Grundzügen XML verstehen und einsetzen können. In XML spricht man nur noch beschränkt von Tags, sondern von Elementen (vgl. Kapitel 3).

Ein XML-Dokument

Beginnen wir nun mit der Erstellung eines XML-Dokuments. Wir betrachten uns zunächst den prinzipiellen Aufbau eines einfachen XML-Dokuments.

Die XML-Deklaration

Die XML-Deklaration enthält als wichtigste Information die verwendete XML-Version. Derzeit ist dies die Version 1.0. Eine minimale XML-Deklaration lautet also:

```
<?xml version="1.0"?>
```

Die XML-Deklaration ist wichtig, damit Programme, die ein Dokument laden, erkennen können, wie sie es zu bearbeiten haben. Neben dieser können noch weitere Informationen in der XML-Deklaration enthalten sein, wie z.B. der verwendete Zeichensatz.

```
<?xml version="1.0" encoding="UTF-8"?>
```

Hier wurde durch das Schlüsselwort `encoding` angegeben, dass der verwendete Zeichensatz in diesem Fall der Unicode-UTF-8-Zeichensatz ist. Bei Verwendung des Standard-ASCII-Zeichensatzes (was die Regel ist) muss dieser nicht angegeben werden.

Die DTD

Die DTD (*Document Type Declaration*) ist ein ganz wichtiger Teil von XML. Hier werden die neuen Tags (Elemente) definiert.

Sie bestimmen durch die Definition eines Elements in der DTD, dass ein XML-Dokument gültig ist (mehr darüber erfahren Sie weiter unten in diesem Kapitel), wenn Sie das Tag einsetzen. Außerdem definieren Sie, wie die verschiedenen Elemente ineinander verschachtelt werden dürfen und müssen, und welche Attribute bei den verschiedenen Tags zum Einsatz kommen dürfen. Kurz gesagt, Sie legen die Syntax der späteren XML-Dokumente fest.

Der Prolog

Nach den Spezifikationen sollte ein XML-Dokument mit dem Prolog beginnen. Der Prolog ist im Prinzip die Summe aus der DTD und der XML-Deklaration. Unter Umständen kann auch auf die DTD verzichtet werden.

Auf unsere bereits bekannten XHTML-Dokumente bezogen sind die folgenden Zeilen der Prolog:

```
<?xml version="1.0"?>
<!DOCTYPE html PUBLIC "-//W3C//DTD XHTML 1.0 Strict//EN"
"DTD/xhtml1-strict.dtd">
```

Ein XML-Dokument kann auch mehr als eine DTD haben. Und genau da liegt für uns die Möglichkeit des Einsatzes eigener Elemente in XHTML. Eine DTD kann auch direkt im XML-Dokument definiert werden, muss also nicht unbedingt in einem Verweis auf eine externe Datei wie im letzten Beispiel erfolgen:

```
<?xml version="1.0"?>
<!DOCTYPE tag
[
    <!ELEMENT inhalt (#PCDATA)>
]>
```

Dieser Prolog besteht aus der XML-Deklaration und einer internen DTD, die das Element inhalt definiert. Zur Erstellung von DTDs kommen wir noch.

Ein komplettes XML-Dokument

Gemäß den Spezifikationen muss ein XML-Dokument aus einem Prolog und Elementen (mindestens einem Element) bestehen, also z.B.

```
<?xml version="1.0"?>
<!DOCTYPE tag
[
```

```
    <!ELEMENT inhalt (#PCDATA)>
]>
<inhalt> Dies ist der Inhalt. </inhalt>
```
Dies ist bereits ein kleines komplettes XML-Dokument.

Entities

In Kapitel 3 haben Sie bereits Entities kennen gelernt. Hier beschränken wir uns auch darauf, dass Entities Sonderzeichen ersetzen können. Es gibt jedoch in XML noch weitere Einsatzmöglichkeiten von Entities, z.B. zur Einbindung von Grafiken.

Wie das geht, ist jedoch recht kompliziert und hier reicht es vollkommen, dass Sie wissen, dass Entities mehr können, als ein paar Sonderzeichen zu ersetzen.

Ein wohlgeformtes Dokument

Der Begriff heißt in der Spezifikation von XML "*well formed* und bedeutet, dass das Dokument gemäß der XML-Spezifikation aus Prolog und mindestens einem Element besteht. Betrachten wir uns ein Beispiel für ein wohlgeformtes Dokument:

```
<?xml version="1.0"?>
<inhalt> Hier ist der Text. </inhalt>
```

Dieses Dokument hat einen Prolog

```
<?xml version="1.0"?>
```

und ein Element

```
<inhalt> Hier ist der Text. </inhalt>
```

Damit ist es also wohlgeformt. Dies sagt allerdings nicht allzu viel aus. Sie sehen, es wird weder auf eine externe DTD verwiesen noch existiert eine interne DTD. Damit ist das Tag `<inhalt>` also gar nicht definiert. Ein nicht wohlgeformtes XML-Dokument ist keines. Die Wohlgeformtheit ist also der kleinste gemeinsame Nenner aller XML-Dokumente.

Bei kleineren Dokumenten ist es oft gar nicht wichtig, dass sie eine DTD enthalten. Für einen Einsatz in XHTML ist es jedoch wichtig, dass neben der XHTML-DTD auch eine weitere für die eigenen Tags existiert. Denn sonst ist es kein gültiges Dokument.

Ein gültiges Dokument

Im englischen Original der XML-Spezifikation wird das gültige Dokument *valid document* genannt. Die Anforderungen, die an ein Dokument gestellt werden, damit es gültig ist, liegen etwas höher als die an ein wohlgeformtes:

▶ Das Dokument muss wohlgeformt sein.

▶ Es ist eine DTD vorhanden.

▶ Das Dokument hält sich an die Regeln der DTD.

Also muss das Dokument im Prolog mindestens den Verweis auf eine externe oder interne DTD beinhalten:

```
<?xml version="1.0"?>
<!DOCTYPE tag
[
        <!ELEMENT inhalt (#PCDATA)>
]>
<inhalt> Dies ist der Inhalt. </inhalt>
```

In diesem Beispiel wurde eine interne DTD verwendet, aus der hervorgeht, dass das Element `inhalt` in dieser Form eingesetzt werden darf. Deshalb ist unser Dokument auch gültig.

Daraus folgt, dass ein gültiges Dokument nur erstellt werden kann, sofern man die Syntax und die Elemente, die in der DTD festgelegt sind, kennt. Weitere Bedingungen sind:

- ▶ Nur definierte Elemente dürfen eingesetzt werden.
- ▶ Verschachtelungen von Elementen dürfen nur wie in der DTD festgelegt vorgenommen werden.
- ▶ Alle Elementdaten entsprechen der Definition.
- ▶ Alle Attribute, sofern sie nötig sind, wurden verwendet.
- ▶ Die Attributwerte sind der Definition nach gültig.

Nun haben Sie die Grundvoraussetzungen der Theorie kennen gelernt, nun also zur Praxis.

12.2 XML eingesetzt

Den Einstieg in die Praxis beginnen wir mit dem kleinen Quelltext von weiter oben. Dazu benötigen Sie wie gesagt einen Prolog und mindestens ein Element. Zunächst beginnen Sie ohne eine DTD um das Ganze möglichst einfach zu halten.

```
<?xml version="1.0"?>
<inhalt> Hier ist der Text. </inhalt>
```

Speichern Sie nun diesen Text unter dem Dateinamen 1.XML ab und laden Sie ihn dann in den Internet Explorer 5, dem derzeit einzigen Browser, der XML unterstützt. Das Ergebnis sehen Sie in der Abbildung 12.1.

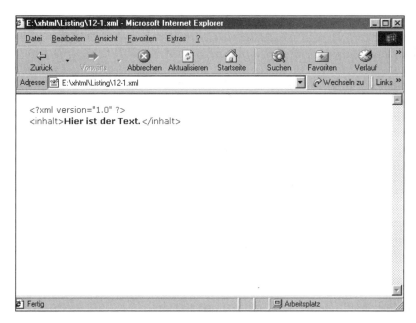

Abb. 12.1: Das XML-Dokument im Browser

Die Darstellung im Browser

Die große Überraschung für Sie ist sicherlich, dass Sie den gesamten Quelltext sehen. Äquivalent zu XHTML müssten Sie ja nur den Text *Hier ist der Text.* angezeigt bekommen, wie Sie es in der Abbildung 12.2 sehen.

Betrachten wir uns nun die Ausgabe des XML-Dokuments im Internet Explorer 5 noch etwas genauer. Sie sehen, dass die gesamte Ausgabe, außer dem Text *Hier ist der Text.* farbig in Rot und Blau dargestellt wird (im Buch als Graustufen).

Der Internet Explorer hat also offensichtlich erkannt, dass es sich hierbei um den Inhalt eines Elements handelt. Um die Darstellung so aussehen zu lassen, wie Sie es von XHTML her gewohnt sind, benötigen Sie Style Sheets, die Sie ja bereits kennen gelernt haben. Der Einsatz erfolgt äquivalent zu dem von XHTML.

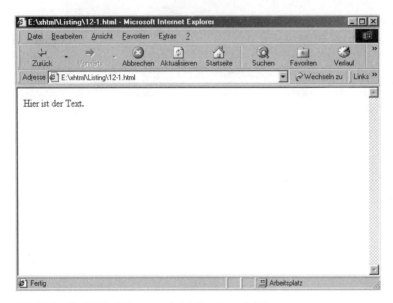

Abb. 12.2: Als HTML-Dokument sind keine Tags sichtbar

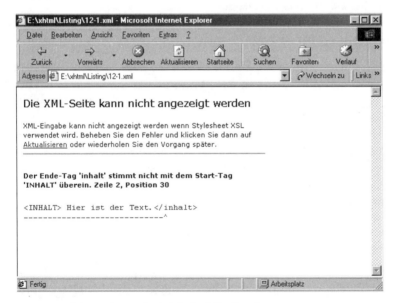

Abb. 12.3: Fehlermeldung durch falsche Schreibweise

Da wir keine DTD verwendet haben, sind wir bei unserem Quelltext auch nicht auf die Tags <inhalt> und </inhalt> festgelegt. Sie können stattdessen genauso ein Element namens text oder mit beliebigem anderen Namen verwenden. Denken Sie dabei jedoch daran, dass XML case sensitive ist und folglich <INHALT> und <inhalt> verschiedene Tags sind. Wenn Sie dies nicht beachten, dann führt das zu einer Fehlermeldung des Browsers (siehe Abbildung 12.3).

12.3 Eine eigene DTD

Die Definition eigener Tags wird mithilfe der DTD vorgenommen.

Schreibweisen in der DTD

Betrachten wir die Mini-DTD von weiter oben:

```
<!DOCTYPE tag
[
    <!ELEMENT inhalt (#PCDATA)>
]>
```

<!DOCTYPE tag leitet die DTD ein und gehört zum XML-Dokument, darauf folgt die eckige Klammer ([), die die DTD-Definition öffnet. Geschlossen wird diese dann durch die zweite eckige Klammer (]), dann folgt noch eine spitze Klammer. Die eigentliche Definition ist in unserem Beispiel also nur die Zeile:

```
<!ELEMENT inhalt (#PCDATA)>
```

Die Definition eines Elements beginnt immer mit <! und endet mit >. Zur Definition stehen Ihnen vier Haupt-Schlüsselwörter zur Verfügung:

ELEMENT, ATTLIST, NOTATION und ENTITY

Wir werden uns jedoch nur mit den Schlüsselwörtern ELEMENT und ATTLIST befassen.

Eine erste DTD

Erstellen wir gemeinsam eine kleine DTD, die Ihnen jedoch nur Grundlagen vermittelt. Die Möglichkeiten sind wesentlich umfangreicher, als hier beschrieben. In diesem Beispiel einer DTD für eine Adressdatei sehen Sie dann auch immer gleich den Einsatz der definierten Elemente.

Die Planung

Bevor Sie mit der Erstellung einer DTD beginnen, müssen Sie sich Gedanken darüber machen, wie das spätere Dokument aussehen soll. Gemeint ist hier nicht die optische Erscheinung, dafür sind bekanntlich Style Sheets zuständig, sondern die strukturelle Beschaffenheit.

Die Hauptfrage ist, welche Daten überhaupt erfasst werden sollen. Als Nächstes müssen Sie sich darüber klar werden, welche Namen Sie den zugehörigen Elementen geben möchten. Dies ist im Prinzip der gleiche Vorgang, als wenn Sie eine Datenbank, z.B. mit Microsoft Access, planen.

Für Ihre Adressdatei benötigen Sie die Daten, die in der folgenden Tabelle zusammengefasst sind.

Zu erfassende Daten	Elementennamen
Nachname	name
Vorname	vname
Straße	strasse
Postleitzahl	plz
Ort	ort

Tab. 12.1: Elemente der DTD

Sie könnten die Elemente natürlich auch mit der Datenbezeichnung verwenden, also z.B. ein Element Nachname erstellen.

Wie sollen die Daten strukturiert sein?

Sie benötigen noch ein Element, das jeden einzelnen Eintrag (Datensatz), und ein *Wurzelelement*, das das gesamte Dokument umschließt. Dies ist ähnlich den Elementen body und html bei XHTML.

Das Element, das den Eintrag umschließt, nennen wir adresse und das Wurzelelement heißt daten. Nun haben wir die wichtigste Planung abgeschlossen. Weitere Möglichkeiten werden Sie noch während der Umsetzung kennen lernen.

Die Umsetzung – Elemente definieren

Beginnen Sie nun mit der Erstellung der DTD. Dazu leiten Sie zunächst die Document Type Definition durch <!DOCTYPE.......> ein.

```
<?xml version="1.0"?>
<!DOCTYPE adresse
[
Hier folgt dann die Definition.
]>
```

In diesem Gerüst spielt sich dann die gesamte Definition ab.

Das Wurzelelement

Definieren wir zunächst das Wurzelelement, das im Quelltext das ganze Dokument umschließt. Die Definition erfolgt über das Schlüsselwort ELEMENT. In diesem Wurzelelement muss zunächst festgelegt werden, welche Elemente innerhalb dieses Elements verwendet werden dürfen. Dies geschieht nach folgender Syntax:

```
<!ELEMENT name (namen)>
```

Hier wird name durch den gewünschten Namen des Wurzelelements und namen durch eine Auflistung der Namen der erlaubten Elemente ersetzt.

Welche Elemente wollen Sie innerhalb des Wurzelelements zulassen? Es ist nur das Element adresse, das dann ja die einzelnen Datensätze umschließt. Ein Element name z.B. soll ja nicht außerhalb des Datensatzes erlaubt sein.

Daraus ergibt sich folgende Definition:

```
<?xml version="1.0"?>
<!DOCTYPE adresse
[
<!ELEMENT daten (adresse)>
]>
<daten>
</daten>
```

Definition der Elemente

Als nächsten Schritt definieren wir nun das Element adresse. Innerhalb dieses Elements dürfen alle Elemente vorkommen, die später die Daten aufnehmen sollen.

Wenden wir uns nun dem Beispiel zu:

```
<?xml version="1.0"?>
<!DOCTYPE adresse
[
<!ELEMENT daten (adresse)>
<!ELEMENT adresse (name?, vname?, strasse?, plz?, ort?)>
]>
<daten>
<adresse>
```

```
</adresse>
</daten>
```

Bestimmt ist Ihnen in der DTD aufgefallen, dass ich hinter einigen Elementnamen Fragezeichen gesetzt habe. Dies ist ein so genannter Indikator, der den Einsatz bestimmt. Hätte ich ihn nicht gesetzt, dann hätten die Elemente immer gemäß der in der DTD festgelegten Reichenfolge eingesetzt werden müssen.

Durch den Einsatz des Indikators können die Elemente entweder nicht oder genau einmal eingesetzt werden, außerdem ist die Reihenfolge egal.

Nun müssen nur noch die einzelnen Elemente innerhalb des Elements `adresse` definiert werden. Dabei muss auch festgelegt werden, welcher Art die Daten sein müssen, die darin vorkommen dürfen.

Sie sehen, dass die Definition mithilfe von `#PCDATA` erfolgt, das bedeutet, dass der Inhalt des Elements aus beliebigen Zeichen bestehen darf.

```
<?xml version="1.0"?>
<!DOCTYPE adresse
[
<!ELEMENT daten (adresse)>
<!ELEMENT adresse (name?, vname?, strasse?, plz?, ort?)>
<!ELEMENT name (#PCDATA)>
<!ELEMENT vname (#PCDATA)>
<!ELEMENT strasse (#PCDATA)>
<!ELEMENT plz (#PCDATA)>
<!ELEMENT ort (#PCDATA)>
]>
<daten>
<adresse>
<name> Testmaier </name>
```

```
<vname> Ralf </vname>
<strasse> Testweg 7 </strasse>
<plz> 11111 </plz>
<ort> Teststadt </ort>
</adresse>
</daten>
```

Die Abbildung 12.4 zeigt diesen Quelltext im Internet Explorer. Sie merken, dass die DTD nicht zu sehen ist, sondern es wird in der zweiten Zeile darauf hingewiesen, dass sie existiert.

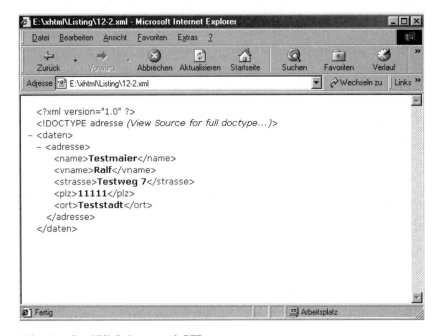

Abb. 12.4: Das XML-Dokument mit DTD

Nun haben Sie eine DTD für eine Adressdatei erstellt. Indem Sie das Element adresse so oft wie benötigt innerhalb des Elements daten platzieren, können Sie nun die Adressdatei beliebig erweitern.

Attribute

Der zweite unverzichtbare Bestandteil einer DTD ist die Definition der Attribute. Attribute haben Sie ja bereits kennen gelernt und gesehen, dass Sie diese recht häufig einsetzen. Also wollen wir nun unsere DTD durch eine Attributdefinition verfeinern.

In unserem Beispiel möchten wir noch festlegen, ob die Adresse ein privater oder ein geschäftlicher Kontakt ist. Dieses betrifft also immer einen ganzen Datensatz, der zwischen den Tags <adresse> und </adresse> definiert ist.

Dazu könnten Sie ein neues Element definieren, in dem der Inhalt einen entsprechenden Eintrag erhält. Der elegantere Weg ist der, das Element adresse durch ein Attribut mit der Möglichkeit auszustatten, diese Wahl vorzunehmen.

Im folgenden Beispiel hat es den Namen kontakt. Das Attribut benötigt nun noch zwei Werte, damit es auch die gewünschte Unterscheidung vornehmen kann. Für geschäftliche Kontakte gilt in unserem Beispiel der Wert g und für private der Wert p.

Das Schlüsselwort Attlist

Das Schlüsselwort ATTLIST bewirkt innerhalb einer DTD, dass ein Attribut definiert wird. Darauf folgt das Element, dem dieses neue Attribut zugeordnet werden soll, gefolgt von dem Attributnamen. In Klammern stehen die möglichen Werte, von denen nur einer angegeben werden kann. Wir benötigen also folgende Definition:

```
<!ATTLIST adresse kontakt(g|p) >
```

In das Beispiel integriert sieht das dann wie folgt aus. Der Einsatz des Attributs erfolgt auch gleich innerhalb des Quelltextes:

```
<?xml version="1.0"?>
<!DOCTYPE adresse
```

```
[
<!ELEMENT daten (adresse)>
<!ELEMENT adresse (name?, vname?, strasse?, plz?, ort?)>
<!ATTLIST adresse kontakt(g|p)>
<!ELEMENT name (#PCDATA)>
<!ELEMENT vname (#PCDATA)>
<!ELEMENT strasse (#PCDATA)>
<!ELEMENT plz (#PCDATA)>
<!ELEMENT ort (#PCDATA)>
]>
<daten>
<adresse kontakt="p">
<name> Testmaier </name>
<vname> Ralf </vname>
<strasse> Testweg 7 </strasse>
<plz> 11111 </plz>
<ort> Teststadt </ort>
</adresse>
</daten>
```

So wie das Attribut hier definiert ist, steht der Einsatz im Dokument dann frei, Sie können es verwenden, müssen dies aber nicht tun.

Wie bereits gesagt, dieses Kapitel kann Ihnen nur einen kleinen Einblick in die Erstellung einer DTD geben. Wenn Sie sich tiefer in die Materie einarbeiten möchten, dann sollten Sie sich eingehend mit XML befassen. Nichtsdestotrotz hoffe ich, dass Sie das Grundprinzip verstanden haben. Versuchen Sie doch mal eine eigene kleine DTD zu erstellen.

12.4 Der Einsatz in XHTML

Betrachten wir uns zunächst ein einfaches XHTML-Dokument:

```
<?xml version="1.0"?>
<!DOCTYPE html PUBLIC "-//W3C//DTD XHTML 1.0 Strict//EN"
"DTD/xhtml1-strict.dtd">
<html xmlns="http://www.w3.org/1999/xhtml" xml:lang="en"
lang="en">
 <head>
 <title> Eigene Tags </title>
 </head>
 <body>
 Unser XHTML-Dokument
 </body>
 </html>
```

Sie erkennen sicher den Aufbau des XHTML-Dokuments und sehen, dass es auch ein XML-Dokument ist, es enthält einen Prolog und einige Elemente. Als DTD wird hier die DTD von XHTML (zweite Zeile) verwendet. Diese DTD lädt der Browser zurzeit jedoch nicht, sondern er kennt sie. In Zukunft sollen Browser die DTD dann laden. Der Browser erkennt, dass es sich um ein HTML-Dokument handelt und interpretiert es nach seinen Vorgaben.

Uns interessiert zunächst jedoch die Zeile drei:

```
<html xmlns="http://www.w3.org/1999/xhtml" xml:lang="en"
lang="en">
```

Hier wird das eigentliche XHTML-Dokument durch das Tag `<html>` geöffnet. Alles weitere, was in diesem Tag steht, legt einen so genannten Namespace oder auch Namensraum fest.

Was ist ein Namespace?

Das ist eigentlich ganz einfach, wir benötigen nur ein Element, dem die Definition des Namespace zugeordnet wird. In unserem Beispiel ist dies das Element html. Dann ordnen wir diesem Element den Namespace zu und nennen eine eindeutige Bezugsadresse für die DTD. Daraus ergibt sich dann folgende Zeile:

```
<html xmlns="http://www.w3.org/1999/xhtml" xml:lang="en" lang="en">
```

Das benutzte Element heißt html, sie könnten es in XML natürlich beliebig nennen. Denken Sie aber daran, dass es auch mit </html> geschlossen werden muss.

Regulärer Einsatz eines Namespace

Nun können Sie nach der Syntax:

```
<html:tag> text </html:tag>
```

den Text nach Art und Weise von XHTML erstellen. Vergessen Sie nicht, dass die Elemente kleingeschrieben werden müssen. Ersetzen Sie tag durch das gewünschte Tag und text durch den gewünschten Text. So einfach ist das. Das folgende Beispiel verdeutlicht dies.

```
<?xml version="1.0" ?>
<html xmlns="http://www.w3.org/1999/xhtml" xml:lang="en" lang="en">
<html:h1> Beispiel </html:h1>
</html>
```

Allerdings haben Sie ja bereits festgestellt, dass der Einsatz in den XHTML-Dokumenten wesentlich einfacher war. Sie haben immer direkt das Tag eingesetzt und nicht html: vorangestellt. Innerhalb von XHTML-Dokumenten ist dies möglich. Ein Einsatz mit html: ist dort nicht vorgesehen.

12.5 Ein Tag hinzufügen

Jetzt müssen Sie dem XHTML-Dokument also zunächst eine zweite DTD hinzufügen, die die zusätzlichen Tags definiert. Verwenden Sie dabei das neue Tagpaar <inhalt> </inhalt>.

> **HINWEIS**
> Der Einsatz einer zweiten DTD wird derzeit noch von keinem Browser unterstützt. Sie erhalten eine Fehlermeldung und das Dokument wird dann nicht geladen.

Einbinden der zweiten DTD

Um das Element inhalt zu definieren, binden Sie nun eine weitere DTD in den Quelltext ein. Dabei handelt es sich um die bereits vom Beginn des Kapitels her bekannte interne DTD.

```
<?xml version="1.0"?>
<!DOCTYPE tag
[
    <!ELEMENT inhalt (#PCDATA)>
]>
<!DOCTYPE html PUBLIC "-//W3C//DTD XHTML 1.0 Strict//EN"
"DTD/xhtml1-strict.dtd">
<html xmlns="http://www.w3.org/1999/xhtml" xml:lang="en"
lang="en">
Hier folgt der Inhalt des XHTML-Dokuments.
</html>
```

Die interne eigene DTD ist an erster Stelle in das Dokument eingebunden worden, falls es zu Überschneidungen kommen sollte, dann hat immer die zuerst geladene DTD Gültigkeit. Sie könnten also auch die Syntax bestehender XHTML-Tags auf diese Weise abändern.

Der Einsatz des Tags

> **HINWEIS:** In dem Augenblick, wo Sie weitere Tags in einem XHTML-Quelltext einsetzen, ist es reiner XML-Quelltext. Also muss auch nach den Regeln für Namespace der Einsatz der XHTML-Tags erfolgen.

```
<?xml version="1.0"?>
<!DOCTYPE tag
[
    <!ELEMENT inhalt (#PCDATA)>
]>
<!DOCTYPE html PUBLIC "-//W3C//DTD XHTML 1.0 Strict//EN"
"DTD/xhtml1-strict.dtd">
<html xmlns="http://www.w3.org/1999/xhtml" xml:lang="en"
lang="en">
 <html:head>
 <html:title> Eigene Tags </html:title>
 </html:head>
 <html:body>
 <html:h1> Ein neues Tag </html:h1>
 <inhalt> Dies ist der Inhalt unseres neuen Tags. </inhalt>
 </html:body>
</html>
```

So, das war es im Prinzip auch schon. Neben dem Einsatz der Namespace-Syntax ist jedoch noch zu beachten, dass der Quelltext nun nicht mehr mit der Endung HTML, sondern mit XML abgespeichert wird. Wenn Sie sich mit XML auskennen, dann ist das ein Kinderspiel.

Sicher haben Sie sich schon gefragt, warum das Ganze? Wozu eigene Tags definieren, wenn damit keine Formatierungen erzielt werden können?

Der Sinn liegt darin, dass die Inhalte strukturiert werden können und dadurch eine automatische Verarbeitung von Datensätzen vereinfacht wird. Zum einen das Erzeugen von XML-Dateien aus Datenbanken und zum anderen das portieren von XML-Daten in Datenbanken.

12.6 Zusammenfassung, Fragen und Übungen

Zusammenfassung

▶ Ein XML-Dokument beginnt immer mit der XML-Deklaration.

▶ Die DTD definiert den späteren Einsatz von Elementen und Attributen.

▶ Ein XML-Dokument muss mindestens wohlgeformt sein.

▶ Ein gültiges XML-Dokument muss eine DTD enthalten.

▶ XML-Dokumente haben die Endung XML.

▶ Es gibt interne und externe DTDs.

Fragen und Übungen

1. Welches Schlüsselwort definiert ein Element in der DTD?

2. Welches Schlüsselwort verwenden Sie um ein Attribut zu definieren?

3. Aus welchen zwei Teilen besteht ein XML-Dokument?

4. Was ermöglicht ein Namespace?

5. Erstellen Sie eine interne DTD für ein Element Namens `inhalt`.

6. Was bedeutet #PCDATA?

Lösungen

XHTML 1.0

Lösungen

Kapitel 1

1. Das Übertragungsprotokoll des WWW ist HTTP (*HyperText Transfer Protocol*).
2. Netnews verwenden das NNTP-Protokoll.
3. Das W3C ist die Organisation, die u.a. die Entwicklung von XHTML koordiniert.
4. Das Usenet ist der Internetdienst, der Netnews, also öffentliche Nachrichten, mit seinen Newsgroups ermöglicht.
5. Mosaic hieß der erste Browser mit grafischer Oberfläche. Dies erhöhte die Popularität des WWW und des Internets enorm.
6. Früher war es das CERN, jetzt ist es das W3C.

Kapitel 2

1. XHTML basiert auf HTML 4.01 und XML.
2. Eine semantische Auszeichnung strukturiert den Text nur und nimmt keine Formatierungen vor.
3. Eine physische Auszeichnung formatiert den Text.
4. SGML und XML sind Metasprachen.
5. Der Text muss als reiner ASCII-Text abgespeichert und die Endung von TXT auf HTML geändert werden.
6. XHTML-Dokumente müssen die Endung html oder htm haben.
7. HTML heißt *HyperText Markup Language* und XHTML bedeutet *eXtensible HyperText Markup Language*.

Kapitel 3

1. Der Dokumententitel wird zwischen die Tags `<title>` und `</title>` geschrieben.
2. Ein Tag ist der einzelne Befehl, also z.B. `<title>`. Starttag, Endtag und Inhalt sind zusammen das Element.
3. Einen Absatz markiert man durch `<p>` und `</p>`.
4. Die gültige DTD für ein Frameset wird wie folgt eingebunden:
   `<!DOCTYPE html PUBLIC "-//W3C//DTD XHTML 1.0 Frameset//EN" "DTD/xhtml1-frameset.dtd">`
5. Der inhaltliche Text wird zwischen den Tags `<body>` und `</body>` eingegeben.
6. Die Attribute werden einfach hintereinander mit ihren Werten durch Leerzeichen getrennt aufgeführt.
7. Das Tag `<br />` fügt einen Zeilenumbruch ein.
8. `HR` muss kleingeschrieben werden und `Align` mit kleinem a:
   `<hr size="4" align="center" />`
9. Mit `<hr />` fügen Sie eine Linie in Ihr Dokument ein.

Kapitel 4

1. Für besonders wichtigen Text gibt es das Tagpaar `<em> </em>`.
2. Kursiver Text wird mit dem Tagpaar `<i> </i>` ausgezeichnet.
3. Eine logische Textauszeichnung gibt keine festen Formatierungen, wie z.B. fett oder kursiv vor, sondern sie legt nur fest, was für eine Eigenschaft der Text hat.
4. Eine physische Textauszeichnung legt die Schriftattribute wie fett oder kursiv fest.

5. Die Definition einer sortierten Liste erfolgt durch das Tagpaar `<ol>` `</ol>`.

6. Die Definition einer unsortierten Liste erfolgt durch das Tagpaar `<ul>` `</ul>`.

7. Die Definition eines Glossars befindet sich zwischen den Tags `<dl>` und `</dl>`.

Kapitel 5

1. Mithilfe des Attributs `target` können Sie einen Link in ein neues Browserfenster laden.

2. Das Attribut `href` ermöglicht die Angabe einer URL oder Datei.

3. Man muss den Zielpunkt mithilfe des Tags `<a>` definieren.

4. `<a href="mailto:info@kobert.de>` `</a>`

5. Dies ist das Tagpaar `<a>` `</a>`.

6. Das geht, die Datei kann dann heruntergeladen werden. Die Einbindung erfolgt so:

   `<a href="http://www.testserver.com/datei.exe">` `</a>`

7. Ein Link zu Gopher wird folgendermaßen definiert:

   `<a href="gopher://name">` `</a>`

Kapitel 6

1. Das Skalieren von Bildern ist zwar möglich, XHTML untersagt dies jedoch.

2. Es fehlt das Attribut `src`, richtig muss es heißen:

   `<img src="bild.gif" ...>`.

Lösungen

3. Das Attribut `border` ist für den Rahmen zuständig.

4. Da Sie die Möglichkeit haben, durch das Attribut `src` auch auf andere Server zuzugreifen, ist das egal.

5. Durch Zuweisen von `align="right"` innerhalb des Tags `<img />`.

6. Eine Grafik wird, sofern nichts anderes definiert wird, links ausgerichtet.

7. Bei einer transparenten Grafik ist die Hintergrundfarbe transparent gesetzt, dadurch ist der Hintergrund der Grafik nicht sichtbar.

8. Ein Hot-Spot ist ein Teil eines Imagemaps. Klicken Sie darauf, dann wird eine Aktion ausgeführt.

9. Sie benötigen das Tag `<map>`, dann müssen die Hot-Spots durch das Tag `<area>` definiert werden. Zu guter Letzt benötigen Sie noch eine Grafik, die durch das Tag `<img />` eingebunden wird.

Kapitel 7

1. `<th>` dient zur Definition von Kopfzellen, und `<td>` wird für normale Zellen verwendet.

2. `cellspacing` ist das Attribut, das die Dicke der Linien um die Tabellenzelle festlegt, `cellpadding` legt den Abstand des Inhalts zum Rahmen fest.

3. Zum einen die Tabelle nicht auszurichten, sie wird dann automatisch links ausgerichtet. Zum anderen können Sie das Attribut `align="left"` einsetzen.

4. Ohne sichtbaren Rand eignen sich Tabellen hervorragend für gehobenes Seitendesign, z.B. Spaltensatz.

5. Spanning ist das Zusammenfassen von Tabellenzellen.

6. Es sind die Attribute: `colspan` und `rowspan`.
7. Durch Einsatz des Attributs `bgcolor` innerhalb des Tags `<td>`.
8. Dazu gibt es das Attribut `bordercolor`.
9. Auch Grafiken können in Tabellen verwendet werden.

Kapitel 8

1. Geöffnet wird das Frameset durch `<frameset>`, und geschlossen wird es durch `</frameset>`.
2. Die gültige DTD für ein Frameset wird wie folgt eingebunden:

   `<!DOCTYPE html PUBLIC "-//W3C//DTD XHTML 1.0 Frameset//EN" "DTD/xhtml1-frameset.dtd">`
3. Es handelt sich um das Tagpaar `<body>` `</body>`
4. Das Attribut `target` ermöglicht das Zuweisen in bestimmte Fenster.
5. Mithilfe des Tags `<noframes>`.
6. Indem Sie das Attribut `frameborder="0"` setzen.
7. Mit jedem zusätzlichen Frame sinkt die Performance des Clients.
8. Mithilfe der Attribute `marginwidth` und `marginheight` können Sie den Abstand des Inhalts zum Rand einstellen.

Kapitel 9

1. Es ist das Tag `<input />`.
2. Mehrzeilige Textfelder werden durch das Tag `<textarea>` erstellt.

3. Wenn Sie den Formularinhalt per E-Mail verschicken wollen, geschieht dies z.B. folgendermaßen:

   `<form method="post" action="mailto:info@kobert.de">`

4. Das Attribut `type` kann einen dieser Werte erhalten: `reset`, `submit` oder `button`.

5. `<button type="submit" ...> </button>`

6. Ein Listenfeld mit drei Einträgen:

   ```
   <select>
   <option> 1 </option>
   <option> 2 </option>
   <option> 3 </option>
   </select>
   ```

7. Der Benutzer sieht bei der Eingabe nur Sternchen. `<input type="password" ...>`.

8. Durch das Attribut `size`.

Kapitel 10

1. Nein, Style Sheets können Sie auch bei XML anwenden.

2. Sie können interne Style Sheets definieren oder externe Dateien einbinden.

3. Farben definieren Sie durch das Schlüsselwort `color`.

4. Das Schlüsselwort `position` erlaubt das punktgenaue Positionieren des Textes.

5. Mit dem Attribut `class` können Sie eine Klasse aufrufen.

6. Diese beiden Tags haben keine eigenen Formatierungen.

7. Eine Hintergrundgrafik können Sie durch das Schlüsselwort `background-image` definieren.

8. `p { font-size: 24 pt }`

9. Sie benötigen die folgenden zwei Zeilen:

   `h3 { font-family: arial; font-size: 48 pt }`
   `p { font-family: arial; font-size: 12 pt }`

Kapitel 11

1. Verwenden Sie dazu die Attribute `data` und `type`. Als Wert für `data` setzen Sie den Dateinamen und unter `type` den MIME-Typ ein.

2. Ein Rand für die Grafik wird durch das Attribut `border` definiert.

3. Auslauftags können Sie noch verwenden, sie werden in einer der nächsten Versionen von XHTML aber ungültig werden.

4. Ausgeschiedene Tags dürfen nicht mehr verwendet werden.

5. Ungültige Tags: `listing`, `plaintext`, `xmp`.

6. Auslauftags: `isindex`, `applet`, `center`, `font`, `basefont`, `strike`, `s`, `u`, `menu`, `dir`.

Kapitel 12

1. Dies ist das Schlüsselwort `ELEMENT`.

2. Das Schlüsselwort `ATTLIST` definiert ein Attribut.

3. Ein XML-Dokument besteht aus dem Prolog und mindestens einem Element.

4. Ein Namespace ermöglicht es, HTML-Tags in XML einzusetzen.

5. Das folgende Listing definiert das Tag <inhalt>:

```
<!DOCTYPE tag
[
<!ELEMENT inhalt (#PCDATA)>
]>
```

6. Dies definiert, dass ein Element Inhalt aus beliebigen Zeichen bestehend haben darf.

Glossar

Glossar

Account

Als Account bezeichnet man Ihre Berechtigung, über einen Provider das Internet zu nutzen. Sie haben einen Account bei Ihrem Provider. Ein Account zeichnet sich in der Regel durch einen Benutzernamen und das zugehörige Passwort aus.

ActiveX

Skriptsprache von Microsoft zum Einbinden von Programmen und Multimediaelementen in HTML-Dokumente. Kann z.Zt. allerdings nur vom Microsoft Internet Explorer verarbeitet werden.

Anchor

Engl. für Anker. Dies ist die Startadresse eines Links. Daher kommt auch das Tag <A> bei XHTML.

ANSI

Ist die Abkürzung für *American National Standards Institute*, etwa das, was die DIN in Deutschland ist. Wichtig im Zusammenhang mit Computern ist der ANSI-Code, der zur Zeichencodierung verwendet wird.

API

Ist die Abkürzung für *Application Programming Interface*. Dies ist (stark vereinfacht gesagt) eine genormte Schnittstelle um die Zusammenarbeit verschiedenster Programme und Daten zu ermöglichen.

Applet

Ein Applet ist ein kleines Programm, das durch eine Web-Seite geladen und im Browser ausgeführt wird. Meist ist es ein Java-Programm.

Archie

Eine Suchmöglichkeit, auf FTP-Servern bestimmte Dateien aufzufinden.

ASCII-Datei

Textdateien, sozusagen in Reinform; es sind keine Formatierungszeichen vorhanden. ASCII ist die Abkürzung für *American Standard Code for Information Interchange*.

Attribut

Mithilfe von Attributen können die Eigenschaften von Tags (siehe auch Tag) genauer spezifiziert werden.

AVI

Datenformat für digitale Videofilme, wurde speziell für Windows entwickelt.

Backbone

Highspeed-Netzwerk für Internet-Rechneranbindungen.

Bandbreite

Als Bandbreite wird die Übertragungsmenge z.B. einer Telefonleitung verstanden. Je größer die Bandbreite, umso mehr Daten können gleichzeitig auf ihr transportiert werden.

Binärdatei

Binärdateien sind Dateien, die Programmcodes enthalten oder auch Grafikdateien. Kurz gesagt, alle Nicht-Text-Dateien sind Binärdateien.

Bit

Ein Bit ist sozusagen die kleinste rechnerische Einheit von Rechnerspeichern. Ein Bit kann gerade mal zwei Zustände annehmen: AUS oder EIN bzw. 0 oder 1.

Bookmark

Siehe *Lesezeichen*.

bps

Bits je Sekunde, Maßeinheit für die Geschwindigkeit einer DFÜ-Verbindung.

Browsen

So nennt man das Blättern im WWW. Sie klicken sich durch Links von Seite zu Seite.

Browser

Ein Browser ist ein Programm, mit dem Sie die Seiten im WWW betrachten können, z.B. der Internet Explorer von Microsoft.

Byte

1 Byte besteht aus 8 Bits. Ein Buchstabe aus dem ASCII-Zeichensatz hat 1 Byte.

Cascading Style Sheets

Siehe *CSS*.

case sensitive

case sensitive bedeutet, dass zwischen Groß- und Kleinschreibung unterschieden wird. Dies betrifft nicht nur Wörter, sondern jeden einzelnen Buchstaben. XHTML ist case sensitive.

CDATA

Ein Abschnitt, der mit CDATA definiert ist, beschreibt in einem XML-Dokument einen Bereich, der keine weiteren Tags enthält. Es können also auch Sonderzeichen im Text verwendet werden, ohne dass Entities (siehe *Entity*) gebraucht werden.

CDF

Dies ist die Abkürzung für *Channel Definition Format*. Microsoft hat dieses auf XML basierende Format bereits beim Internet Explorer 4 als Push-Technologie zur Realisierung von Channels verwendet.

CGI

Common Gateway Interface. Dies ist eine Schnittstelle zwischen dem XHTML-Dokument und einem Programm, das dann Aktionen ausführt, z.B. Formulare auswertet.

Chatten

So nennt man das Kommunizieren mit anderen Teilnehmern per Modem und Computer, zum Beispiel in einer Mailbox oder dem IRC im Internet.

Checkbox

Das ist ein kleines Viereck, das zum Selektieren von Optionen dient. Ist es selektiert, zeigt es entweder einen Haken oder ein Kreuz.

Client

Ein Client ist ein Computer, der die Ressourcen eines anderen Computers im Netzwerk nutzt, des so genannten Servers.

CSS

Dies ist die Abkürzung für *Cascading Style Sheets*. CSS ist ein vom W3C verabschiedeter Standard für Style Sheets. Style Sheets sind Formatvorlagen. CSS lassen sich sowohl mit XHTML, HTML als auch mit XML verwenden.

Cursor

Cursor nennt man den blinkenden Strich, der in Eingabefeldern oder Textverarbeitungsprogrammen den Punkt anzeigt, an dem die Eingabe fortgesetzt wird. Dort, wo der Cursor blinkt, ist die aktuelle Eingabeposition.

Delimitierung

Ein Tag besteht aus dem Namen des Tags und den spitzen Klammern um diesen Namen herum. Die spitzen Klammern weisen den Browser an, den Text dazwischen als Befehl zu interpretieren. Die spitzen Klammern sind die Delimitierung.

DFÜ

Datenfernübertragung. So wird das Übertragen von Daten via Telefonleitung von einem Computer zu einem anderen bezeichnet.

DNS

Domain Name Server. Dieses System setzt die aus Zahlen bestehenden IP-Adressen in leicht verständliche Namen um (siehe auch *Domain*).

DOM

Dies ist die Abkürzung für *Document Object Model*, dem Objekt-Modell für XML.

Domain

Wird auch deutsch Domäne genannt. Das ist der Name einer Internetadresse, der einer IP-Adresse entspricht.

Domainname

Als Domainnamen bezeichnet man den Namen einer IP-Adresse, also z.B. *www.kobert.de*.

Download

Das Laden von Software oder sonstigen Daten von einem anderen Rechner auf Ihren eigenen unter Verwendung einer DFÜ-Verbindung.

DSSSL

Dies ist die Abkürzung für *Document Style Semantics and Specification Language*. CSS ist ein Standard für Style Sheets in SGML-Dokumenten. XSL, die Style Sheet-Sprache für XML, basiert auch auf DSSSL.

DTD

Dies ist die Abkürzung für *Document Type Declaration*. In der DTD wird die mögliche Struktur von XML-Dokumenten festgelegt. Auch SGML-Dokumente benötigen eine DTD.

EBNF

Dies ist die Abkürzung für *Extended-Backus-Naur-Form*. EBNF beschreibt die Syntax, nach der Definitionen z.B. in XML getätigt werden können.

E-Mail

Elektronische Post, die über ein Netzwerk lokal oder weltweit verschickt wird. Meist ist E-Mail innerhalb des Internets gemeint.

Entity

Es gibt allgemeine und externe Entities im Zusammenhang mit XML. Externe Entities verweisen auf externe Dokumente. Allgemeine Entities werden meist für Abkürzungen und die Darstellung von Sonderzeichen verwendet. Im Zusammenhang mit XHTML haben Sie allgemeine Entities kennen gelernt.

Flame

Als Flame wird eine E-Mail oder ein Beitrag einer Newsgroup mit beleidigendem Inhalt bezeichnet.

Frame

Frame bedeutet so viel wie Rahmen. Gemeint ist hier der Rahmen, der es im Browser ermöglicht, mehrere Dokumenteninhalte gleichzeitig darzustellen.

FTP

File Transfer Protocol. Ein Internetdienst zum Up- und Downloaden von Dateien.

GIF

Graphics Interchange Format. Dies ist ein sehr weit verbreitetes Grafikformat, das von CompuServe eingeführt wurde.

Gopher

Ein Standard im Internet zur Darstellung von Informationsseiten, ähnlich dem WWW.

Hit

Engl. Treffer. Dies ist sozusagen die Maßeinheit der Seitenaufrufe einer Internetseite.

Homepage

Die Startseite einer Internetpräsenz, oft allerdings auch die einzige Seite.

Host

Als Host wird jeder Computer in einem Netzwerk bezeichnet.

Hosting

So nennt man das Bereitstellen von WWW-Seiten im Internet.

HTML

HyperText Markup Language. Das ist die Programmiersprache, mit der WWW-Seiten erstellt werden. Der WWW-Browser setzt die Befehle des HTML-Quelltextes in formatierte Dokumente um. Die neueste Version heißt XHTML.

HTTP

HyperText Transfer Protocol. Das ist das Protokoll, das Übertragungen im WWW regelt.

Hyperlink

Siehe *Link*.

Hypermedia

Erweiterung von Hypertextdokumenten durch Bilder, Animationen und Ton.

Hypertextdokument

Eine WWW-Seite mit Verknüpfungen (Links) zu anderen Seiten, sozusagen das Herzstück des WWW.

IMAP

Internet Message Access Protocol. Hier verbleiben die E-Mail-Daten auf dem Server, es werden nur die Absenderangaben auf Ihren PC übertragen.

Internet

Ein weltweites Netzwerk, das auf Basis des TCP/IP-Protokolls arbeitet.

IP-Adresse

Eine IP-Adresse ist die Adresse eines Rechners in einem Netzwerk mit IP-Adressschema. Das Internet funktioniert auf diese Weise. IP-Adressen dürfen in einem Netzwerk nur einmal vorkommen, sonst gibt es Probleme.

IRC

Internet Relay Chat. IRC bietet Ihnen die Möglichkeit, mit anderen Nutzern in Echtzeit Dialoge per Computer zu führen.

ISDN

Integrated Services Digital Network. Das ist eine Form der Datenübertragung, bei der die Daten nicht mehr analog, wie beim Modem, sondern digital übertragen werden. ISDN ist schnell und sicherer als die Übertragung per Modem. Sie benötigen dazu aber einen speziellen Telefonanschluss.

ISO

International Standards Organization. Eine Organisation, die international gültige Standards festlegt. ISO-Normen finden Sie viele im Bereich um XML und SGML, aber nicht nur dort, sondern in allen Lebensbereichen, z.B. bei Farbnegativfilmen ISO 100, ISO 200 usw.

ISP

Internet Service Provider. Die allgemeine Bezeichnung für einen Internetprovider (siehe auch *Provider*).

Java

Java ist eine objektorientierte Programmiersprache, die C++- ähnlich ist.

Java-Applet

Siehe *Applet*.

JavaScript

Ein eingeschränkter Funktionsumfang von Java lässt sich als so genanntes Skript direkt in XHTML-Quellcodes einbinden (siehe auch *Java*).

JPEG

Joint Photographic Expert Group. Ein im Internet verbreitetes Dateiformat für Grafiken, insbesondere für digitalisierte Fotos.

Lesezeichen

Moderne Browser bieten die Möglichkeit, die Adressen häufig angewählter WWW-Seiten in einer Liste abzuspeichern. Diese Einträge werden als *Lesezeichen*, *Favoriten* oder auch *Bookmarks* bezeichnet.

Link

Ein Link ist eine Verknüpfung auf eine andere WWW-Seite.

Mail

So werden E-Mails oft auch genannt.

Mailen

Umgangssprache für das Versenden von E-Mails.

Mailfilter

Einstellungen, die den Eingang der an Sie gerichteten E-Mails sortieren.

Markup

SGML, XHTML, HTML und XML sind Markup Languages,

also Auszeichnungssprachen. Die Befehle werden Markups, Auszeichnungen, genannt. Seit der Verbreitung von HTML hat sich auch der Begriff Tag durchgesetzt.

Metasprache

Mit einer Metasprache können Sie nicht direkt Dokumente erstellen, sondern verschiedene Sprachen definieren, mit denen Sie dann Dokumente erstellen können. XML und SGML sind Metasprachen.

MIME

Multipurpose Internet Mail Extension. Dies ist ein Protokoll, das es ermöglicht, Multimediadateien wie Video und Grafik per E-Mail zu versenden.

Modem

Ein Gerät, das es ermöglicht, Daten zwischen zwei Computern über das Telefonnetz zu übertragen.

MPEG

Moving Pictures Expert Group. Datenformat für Videos, das die Daten sehr effektiv komprimiert. Wird auch für Audiodateien verwendet.

Netiquette

So werden die Verhaltensregeln im IRC und bei der Teilnahme an Newsgroups genannt.

Netnews

Ein Dienst im Internet, der Ihnen die Teilnahme an Newsgroups (siehe dort) ermöglicht.

Netzwerk

Ein Verbund von Rechnern, die Informationen austauschen können.

Newsgroup

Eine Newsgroup ist mit einem schwarzen Brett zu einem bestimmten Thema zu vergleichen.

Nickname

Spitzname. Ihr Name im IRC, falls Sie nicht mit Ihrem echten Namen dort auftreten. Bei MS-Chat wird der Ausdruck Pseudonym verwendet.

NNTP

Das ist das Protokoll für die Übertragung im Usenet.

Offline

Nicht mit dem Internet oder einer Mailbox verbunden.

Online

Mit dem Internet oder einer Mailbox verbunden.

Onlinedienst

AOL, CompuServe oder T-Online sind Onlinedienste. Sie haben ein eigenes Angebot, bieten oft aber auch eine Verbindung mit dem Internet.

PCDATA

Wenn das Schlüsselwort PCDATA in der DTD bei der Definition eines Elements verwendet wird, dann darf der Inhalt aus beliebigen Zeichen bestehen.

PERL

PERL heißt *Practical Extraction Reporting Language* und ist wohl die meistgenutzte Programmiersprache für CGI-Programme.

Pollen

Das Herunterladen von Mails auf Ihren lokalen Rechner.

POP 3

Post Office Protocol. Hier werden die kompletten E-Mails vom Server auf Ihren Rechner übertragen.

Posten

So nennt man das Senden eines Artikels in eine Newsgroup.

PPP

Point-to-Point Protocol. Eines der möglichen Protokolle, die den Zugang zum Internet regeln.

Prolog

Die Kopfinformationen eines XML-Dokuments nennt man den Prolog. Es gibt auch eine Programmiersprache dieses Namens.

Protokoll

Netzwerke benötigen Protokolle, die den Datenaustausch zwischen Server und Client regeln.

Provider

Als Provider wird die Firma bezeichnet, die Ihnen einen Zugang zum Internet bereitstellt. Auch Firmen, die Platz für WWW-Seiten anbieten, werden Provider genannt.

Proxy

Ein Proxy ist eine Art riesiger Cache, in dem die Daten aus dem Internet zwischengespeichert werden, bevor Sie auf Ihrem Computer angezeigt werden. Wenn Sie danach die gleiche URL nochmals anfordern, werden die Daten direkt vom Proxy übertragen, das spart Zeit.

Proxyserver

Siehe *Proxy*.

Radiobutton

Das ist ein kleiner Kreis, der zum Selektieren von Optionen dient. Ist er selektiert, zeigt er einen Punkt.

RFC

Engl. *Request For Comments*. Die Methode, mit der neue Standards im Internet eingeführt werden. Der Vorschlag wird veröffentlicht, und die Nutzer werden gebeten, ihre Meinung dazu abzugeben.

Server

So wird ein Rechner im Netzwerk bezeichnet, der seine Ressourcen anderen Rechnern des Netzwerks bereitstellt.

SGML

Standard Generalized Markup Language. Seitenbeschreibungssprache, aus der HTML abgeleitet wurde.

Signature

Eine elektronische Unterschrift, die sicherstellen soll, dass eine E-Mail auch wirklich vom angegebenen Absender stammt.

Site

Die Gesamtzahl der Seiten eines Angebots im Internet, z.B. ergeben alle WWW-Seiten von Microsoft die WWW-Site von Microsoft.

SMTP

Simple Message Transfer Protocol. Ein SMTP-Server benutzt dieses Protokoll für die Übertragung ausgehender E-Mails.

Surfen

Siehe *Browsen*.

Tag

Tags sind sozusagen die Befehle von XHTML.

TCP/IP

Das ist das Protokoll, mit dem das Internet arbeitet.

Telnet

Vielseitiger Dienst im Internet, der aber immer weniger anzutreffen ist.

Topleveldomain

Der letzte Teil eines Domainnamens ist die Topleveldomain. Daran können Sie in der Regel erkennen, in welchem Land der Server steht (z.B. *de* für Deutschland). Es gibt aber auch Endungen, die nicht das Land angeben, z.B. *gov* für Government oder *com* für Commercial.

Übertragungsrate

Die Geschwindigkeit einer Modemverbindung nennt man Übertragungsrate.

URL

Uniform Resource Locator. Das ist eine Internetadresse im WWW (z.B. *http://www.bhv.net*).

Usenet

Das ist der Dienst, der Newsgroups ermöglicht, sozusagen ein Netzwerk im Internet.

VRML

Virtual Reality Modelling Language. Dies ist eine Programmiersprache, die Virtual Reality im WWW ermöglicht.

Web

Andere Bezeichnung für World Wide Web oder kurz WWW.

Web-Browser

Siehe *Browser*.

Winsock

Treiber, der unter Windows benötigt wird, um das Internet mit TCP/IP zu benutzen.

Wohlgeformtheit

Im englischen Original wird vom *well formed document* geredet, was mit »wohlgeformtes Dokument« übersetzt werden kann. Ein XML-Dokument ist dann wohlgeformt, wenn alle Regeln beachtet wurden.

World Wide Web

Siehe *WWW* oder *Web*.

WWW

World Wide Web. Sicherlich der populärste Internetdienst. Ins Leben gerufen wurde es, um Wissenschaftlern Informationen aufbereitet zukommen zu lassen.

WYSIWYG

What You See Is What You Get. Das bedeutet, Sie sehen bei der Erstellung eines Dokuments (egal ob Sie eine WWW-Seite erstellen oder ob Sie mit Ihrem Textverarbeitungsprogramm einen Brief schreiben) das Ergebnis gleich während der Bearbeitung.

XHTML

Die jüngste Version von HTML. XHTML basiert auf XML, ältere HTML-Versionen basierten auf SGML.

XML-Deklaration

Die XML-Deklaration legt fest, welche Version von XML bei einem Dokument die Basis ist, und steht immer ganz am Anfang eines Dokuments.

XSL

XSL ist die Abkürzung für *eXtensible Stylesheet Language*. Dies ist eine neue Style Sheet-Sprache, die speziell für XML entwickelt wird.

Anhang

XHTML 1.0

Anhang

Unterschiede zwischen HTML & XHTML

Da HTML 4.01 auf SGML basiert und XHTML 1.0 auf XML, gibt es natürlich Unterschiede zwischen beiden Sprachen, die über die XML-Deklaration und die DTD hinausgehen.

Im Vorwort der Spezifikation des W3C heißt es, XHTML sei eine »reformulation of HTML 4.01 in XML«, also eine Neuformulierung von HTML 4.01. XHTML 1.0 ist also HTML 4.01 nach den Regeln von XML.

In diesem Kapitel werde ich Ihnen die dadurch entstandenen Unterschiede aufzeigen. So viel hat sich gar nicht geändert, oft wurden nur aus Kann-Regeln Muss-Regeln.

Ich habe mich bei dieser Aufstellung eng an den entsprechenden Teil der Spezifikation des W3C gehalten. Allerdings habe ich diese Liste auf das Wesentliche beschränkt. Das englische Original finden Sie auf der Web-Site des W3C (*www.w3c.org*).

XHTML muss wohlgeformt sein

Die Wohlgeformtheit eines Dokuments wurde mit XML eingeführt. Dabei wird eine Grundsyntax des Dokuments überprüft. Wird diese nicht eingehalten, dann ist das Dokument ungültig und es erfolgt eine Fehlermeldung.

Keine überlappenden Elemente

Bereits SGML hat den Einsatz von überlappenden Elementen verboten. Dennoch war dies in der Praxis an der Tagesordnung und die Browser haben dies korrekt interpretiert.

Ein Beispiel für den korrekten Einsatz verschachtelter Tags:

`<b> normaler Text <i> kursiver Text </i> </b>`

Wichtig ist für einen korrekten Einsatz das Schließen der Tags, `</b> </i>` wäre falsch.

Alle Tags und Attribute werden kleingeschrieben

In der DTD ist die Schreibweise von Elementen und Attributen festgelegt. In der DTD von XHTML sind diese alle in kleiner Schrift definiert. Im Gegensatz zu HTML ist XHTML case sensitive, es unterscheidet also zwischen großen und kleinen Buchstaben. Alle Tags, Attribute und vordefinierten Werte von Attributen müssen daher kleingeschrieben werden.

Nichtleere Elemente müssen geschlossen werden

Einige Tags mussten in HTML 4.01 nicht geschlossen werden. Ich meine hier nicht Tags, hinter denen sich leere Elemente verbergen, sondern z.B. das Tag `<p>`. Obwohl eine saubere Programmierung schon immer ein Schließen durch das Tag `</p>` vorsah, gab es Ausnahmen. Erlaubt war es z.B. das Tag nicht zu schließen, wenn ein neues Tag `<p>` einen neuen Absatz definierte. Diese Ausnahmen existieren nicht mehr. Jedes Tag muss geschlossen werden, in diesem Fall also:

`<p> Ein Absatz </p>`
`<p> ein zweiter Absatz </p>`

Alle Attributwerte in Anführungsstrichen schreiben

Bisher gab es für viele Attributwerde die Regel, dass sie in Anführungsstrichen gesetzt werden sollen. War dies nicht der Fall, war es auch nicht weiter schlimm. Jetzt müssen alle Werte immer in Anführungsstrichen geschrieben werden, auch die Numerischen:

`<table cols="4" rows="5"> </table>`

Attributminimierung nicht zulässig

In HTML gab es Attribute, die ohne Werte eingesetzt werden, so genannte minimierte Attribute. Dies waren u.a. die Attribute `compact` und `checked`. Jetzt muss der Einsatz immer mit Wert erfolgen. Ein Beispiel:

`<dl compact="compact"> </dl>`

Leere Elemente

Leere Elemente müssen auch geschlossen werden. Dazu wird das Starttag mit einem Schrägstrich (Slash) vor der Delimitierung geschlossen. Ein Beispiel wäre das Tag `<br/>`. Diese Schreibweise führt jedoch bei Browsern oft zu Problemen, sie können dann das Tag nicht interpretieren.

Deshalb gibt es die *HTML Compatibility Guidelines* in denen festgelegt ist, wie diese Tags eingesetzt werden, damit sie auch in nicht XHTML-fähigen Browsern eingesetzt werden.

Dazu muss ein Leerzeichen vor den Slash eingefügt werden, die Schreibweise würde also z.B. lauten `<br />`. Ebenso ist auch die Schreibweise `<br> </br>` möglich, aber sie führt teilweise zu Problemen.

Leerzeichen in Attributwerten

Leerzeichen in Attributwerten dürfen nicht eingesetzt werden, da dies zu Problemen führt. Gleiches gilt für eingefügte Zeilenumbrüche. In XML wäre dies möglich, Browser können dies jedoch oft nicht korrekt interpretieren.

Zu beachten beim Tag `<script>`

In der DTD von XHTML 1.0 sind die Inhalte des Elements `script` so genannte *#PCDATA*-Abschnitte. Wenn Sie dort innerhalb des Scripttextes einen Delimiter verwenden, dann wird er falsch interpretiert, da der Browser dies als Beginn eines Tags interpretiert. Das Verwenden von Entities schafft leider keine Abhilfe. Sie müssen diesen Abschnitt umdefinieren in einen *CDATA*-Abschnitt.

Das hört sich zwar kompliziert an, ist aber recht einfach. Das folgende Beispiel erklärt den Einsatz:

```
<script>
 <![CDATA[
 ... Hier steht das eigentliche Script ...
 ]]>
</script>
```

Die bevorzugte Lösung lautet jedoch, externe Scriptdateien einzubinden.

Zu beachten beim Tag <style>

Hier gilt das Gleiche, wie beim Tag `<script>`. Der Einsatz erfolgt dann so:

```
<style>
 <![CDATA[
 ... Hier steht die Style-Sheet-Definition ...
 ]]>
</style>
```

Die bevorzugte Lösung lautet jedoch, externe Style Sheets zu verwenden.

Das Attribut name

In HTML 4.01 ist dieses Attribut noch uneingeschränkt gültig. Sie können es auch weiterhin in XHTML 1.0 verwenden, es existiert jedoch der Hinweis, dass das Attribut in einer der zukünftigen Versionen von XHTML abgelöst werden soll. Dann soll das Attribut `id` diese Aufgaben übernehmen. Die genaue Definition steht jedoch noch nicht fest.

Übersicht der XHTML-Tags

In dieser Liste finden Sie die Tags von HTML 4 (die ja auch bei XHTML gültig sind) und der Attribute, die zu den jeweiligen Tags möglich sind. Die Liste ist alphabetisch aufgebaut. Nicht enthalten sind Tags, die nur von Browsern unterstützt werden, wie z.b. das Tag <blink>, das nur vom Internet Explorer unterstützt wird und nie offiziell vom W3C spezifiziert wurde.

Tag	Mögliche Attribute
a	accesskey
	charset
	coords
	href
	hreflang
	name
	rel
	rev
	shape
	tabindex
	target
	type
acronym	
address	
app	bgcolor
	class
	fgcolor
	max
	min
	src
	style
	text
	type

Tag	Mögliche Attribute
applet	align
	alt
	archive
	class
	code
	codebase
	height
	hspace
	myscript
	vspace
	width
area	href
	shape
b	
base	target
basefont	color
	face
	size
bdo	dir
big	
blockquote	cite
body	alink
	background
	bgcolor
	link
	text
	vlink
br	

Tag	Mögliche Attribute
button	accesskey
	disabled
	name
	tabindex
	type
	value
caption	align
center	
cite	
code	
col	char
	charoff
	span
	width
colgroup	span
	width
dd	
del	cite
	datetime
dfn	
dir	
div	align
dl	compact
doctype	
dt	
em	
fieldset	

Tag	Mögliche Attribute
font	color
	face
	size
form	action
	enctype
	method
	target
frame	frameborder
	marginheight
	marginwidth
	name
	noresize
	scrolling
	src
frameset	border
	bordercolor
	cols
	frameborder
	framespacing
	rows
h1	align
h2	align
h3	align
h4	align
h5	align
h6	align
head	profile
hr	align
	color
	size
	width

Tag	Mögliche Attribute
html	
i	
iframe	align height hspace name scrolling src vspace width
img	align alt border height hspace ismap longdesk name src usemap vspace width

Tag	Mögliche Attribute
input	accept
	accesskey
	checked
	disabled
	id
	maxlenght
	name
	onclick
	readonly
	size
	src
	tabindex
	value
ins	cite
	datetime
isindex	prompt
kbd	
label	accesskey
	for
legend	accesskey
li	value
link	rel
	rev
listing	
map	name
menu	
meta	htp-equiv
	name
noframes	

Tag	Mögliche Attribute
object	align
	border
	classid
	codebase
	codetype
	data
	declare
	height
	hspace
	name
	shapes
	standby
	tabindex
	type
	vspace
	width
ol	compact
	start
	type
optgroup	disabled
	label
option	char
	disabled
	label
	selected
	value
p	align
param	name
	value
plaintext	

Tag	Mögliche Attribute
pre	
q	cite
s	
samp	
script	defer
	type
select	disabled
	multiple
	name
	size
small	
strike	
strong	
sub	
sup	
table	align
	background
	bgcolor
	border
	bordercolordark
	bordercolorlight
	cellpadding
	cellspacing
	frame
	height
	hspace
	rules
	summary
	vspace
	width

Tag	Mögliche Attribute
tbody	
td	abbr
	align
	background
	char
	charoff
	colspan
	headers
	height
	id
	nowrap
	rowspan
	valign
	width
textarea	accesskey
	cols
	disabled
	name
	readonly
	rows
tfoot	

Tag	Mögliche Attribute
th	abbr
	align
	axis
	background
	char
	charoff
	colspan
	headers
	height
	id
	nowrap
	rowspan
	scope
	valign
	width
thead	
title	
tr	background
tt	
u	
ul	compact
	type
var	
wbr	
xmp	

Farben

In diesem Abschnitt finden Sie eine Liste von Hexadezimalwerten für Farben. Den Farbnamen können Sie auch an Stelle des Hex-Wertes angeben, ich rate Ihnen jedoch davon ab, da nicht alle Browser dies verstehen. Die beiden verbreitetsten Browser, der Microsoft Internet Explorer und der Netscape Navigator, verstehen die Angabe des Farbnamens jedoch.

Die Liste ist natürlich nicht vollständig, da sich nahezu jeder Farbton durch einen Hexwert darstellen lässt. Dabei werden die drei Grundfarben Rot, Blau und Gelb je anteilig durch zwei der insgesamt sechs Hexwerte, die den Gesamtwert ausmachen, definiert.

Daraus ergibt sich dann die Farbe. Die folgende Liste enthält jene 16 Farben, die häufig eingesetzt werden und die in der 16-Farben-Grundpalette von Windows enthalten sind und somit korrekt wiedergegeben werden.

Außerdem sind hier die Farbnamen normiert, was bei vielen anderen Farbtönen nicht der Fall ist. Den Farbnamen *Dark Turquoise* versteht der Internet Explorer zum Beispiel nicht korrekt, die Darstellung des gleichen Farbtones über den Hex-Wert #7093DB interpretiert jeder Browser korrekt, wenn der Computer mindestens 256 Farben darstellt.

Mit der 16-Farben-Tabelle sind Sie also immer auf der sicheren Seite, denn Computer, die weniger Farben oder gar nur monochrom darstellen können, sind praktisch nicht mehr anzutreffen.

Hex-Wert	Farbname	Beschreibung
#00FFFF	Aqua	Blauton
#000000	Black	Schwarz
#0000FF	Blue	Blau
#FF00FF	Fuchsia	Rotton

Hex-Wert	Farbname	Beschreibung
#808080	Grey	Grau
#008000	Green	Grün
#00FF00	Lime	Gelbton
#800000	Maroon	Rotbraun
#000080	Navy	Blaugrau
#808000	Olive	Grünton
#800080	Purple	Rosarotton
#FF0000	Red	Rot
#008080	Teal	Rötlich
#C0C0C0	Silver	Grauton
#FFFFFF	White	Weiß
#FFFF00	Yellow	Gelb

Liste der CSS-Schlüsselwörter

Im Kapitel über Cascading Style Sheets haben Sie sicher festgestellt, das CSS durchaus nicht schwer zu erlernen ist und die Syntax des Einsatzes eigentlich immer gleich ist.

Eine Liste mit Schlüsselwörtern ermöglicht es Ihnen, Ihr CSS-Wissen weiter auszubauen. Deshalb finden Sie an dieser Stelle eine Tabelle mit einigen wichtigen CSS-Schlüsselwörtern. Die Liste ist nach Einsatzbereichen sortiert.

Schriften

Schlüsselwort	Beschreibung
font-family	Das Schlüsselwort legt die zu verwendende Schriftart für ein Tag fest. {font-family: arial}
font-style	Dies ermöglicht den Text normal, kursiv oder oblique darzustellen, abhängig von den Möglichkeiten der Schriftart. {font-style: italic}
font-variant	Dieses Schlüsselwort ermöglicht die Darstellung in small-caps oder normaler Art. {font-variant: small-caps}
font-weight	Hier stellen Sie ein, wie fett der Text dargestellt werden soll. Dabei stehen Ihnen Werte von 100 bis 900 in Hunderterschritten zur Verfügung. {font-weight: 400}
font-size	Mit dem Schlüsselwort font-size wird die Größe der Zeichen in Punkt angegeben. {font-size: 24 pt}
font	Die vorgenannten Schlüsselwörter können auch durch dieses ersetzt werden. Dabei erfolgt eine Aufführung der Werte hintereinander. {font: 24 pt italic arial}

Hintergründe

Schlüsselwort	Beschreibung
background-color	Dieses Schlüsselwort dient zur Bestimmung einer Hintergrundfarbe, die in der Regel mit ihrem Farbnamen angegeben wird, aber auch durch den Hex-Wert festgelegt werden kann. {background-color: blue}

Schlüsselwort	Beschreibung
background-image	Ein Hintergrundbild können Sie durch dieses Schlüsselwort in Ihr Dokument einbinden. {background-image: uri (bild.gif)}
background-repeat	Hier können Sie festlegen, wie das Hintergrundbild dargestellt werden soll. Es kann gekachelt (repeat) werden oder nur zentriert (no-repeat) ausgegeben werden. Außerdem kann es auch nur auf der x- oder der y-Achse (repeat-x und repeat-y) aneinander gereiht werden. {background-repeat: no-repeat}
background-position	Hier lässt sich die Hintergrundposition festlegen. Die Angabe kann absolut oder prozentual erfolgen. {background-position: 150 200}
background-attachment	Hier kann festgelegt werden, wie sich der Hintergrund verhält. Ist er fest positioniert (fixed) oder scrollt er bei Betätigung der Bildlaufleiste mit (scroll). {background-attachment: scroll}
background	Die vorgenannten Schlüsselwörter können auch durch dieses ersetzt werden. Dabei erfolgt eine Aufführung der Werte hintereinander. {background: uri (bild.gif) no-repeat scroll}

Farben

Schlüsselwort	Beschreibung
color	Dieses Schlüsselwort dient zur Bestimmung einer Farbe für die Darstellung des Taginhalts, die in der Regel mit ihrem Farbnamen angegeben wird, aber auch durch den Hex-Wert festgelegt werden kann. {color: blue}

Blöcke und Rahmen

Schlüsselwort	Beschreibung
margin-top	Hier wird der Abstand zum oberen Rand in Punkten festgelegt. {margin-top: 20pt}
margin-right	Hier wird der Abstand zum rechten Rand in Punkten festgelegt. {margin-right: 20pt}
margin-bottom	Hier wird der Abstand zum unteren Rand in Punkten festgelegt. {margin-bottom: 20pt}
margin-left	Hier wird der Abstand zum linken Rand in Punkten festgelegt. {margin-left: 20pt}
margin	Dieses Schlüsselwort dient dazu, den Abstand zwischen zwei Blöcken in Punkten anzugeben. {margin: 10pt}
padding-top	Das Schlüsselwort definiert den Abstand zwischen dem Inhalt und dem Rahmen am oberen Rand des Blocks. Die Angabe erfolgt in Punkten. {padding-top: 30pt}
padding-right	Das Schlüsselwort definiert den Abstand zwischen dem Inhalt und dem Rahmen am rechten Rand des Blocks. Die Angabe erfolgt in Punkten. {padding-right: 30pt}
padding-left	Das Schlüsselwort definiert den Abstand zwischen dem Inhalt und dem Rahmen am linken Rand des Blocks. Die Angabe erfolgt in Punkten. {padding-left: 30pt}

Schlüsselwort	Beschreibung
padding-bottom	Das Schlüsselwort definiert den Abstand zwischen dem Inhalt und dem Rahmen am unteren Rand des Blocks. Die Angabe erfolgt in Punkten. {padding-bottom: 30pt}
padding	Das Schlüsselwort definiert den Abstand zwischen dem Inhalt und dem Rahmen des gesamten Blocks. Die Angabe erfolgt in Punkten. {padding: 30pt}
border-color	Dieses Schlüsselwort dient zur Bestimmung einer Rahmenfarbe, die in der Regel mit ihrem Farbnamen angegeben wird, aber auch durch den Hex-Wert festgelegt werden kann. {border-color: blue}
border-width	Hier wird die Breite des Rahmens festgelegt. Der Wert wird in Punkt angegeben. {border-width: 8pt}
border-style	Dieses Schlüsselwort ermöglicht die Festlegung des Rahmenstils. Die möglichen Werte: none, double, dashed, dooted, solid, groove, outset, inset und ridge. {border-style: solid}
border	Die vorgenannten Schlüsselwörter können auch durch dieses ersetzt werden. Dabei erfolgt eine Aufführung der Werte hintereinander. {border: 5pt solid blue}
height	Hier wird die Höhe eines Blocks in Pixeln festgelegt. {height: 200px}

Schlüsselwort	Beschreibung
width	Hier wird die Breite eines Blocks in Pixeln festgelegt. {width: 200px}
clear	Das Schlüsselwort ermöglicht das Umfließen des Textes rund um Blöcke. Dabei stehen die Werte right, left, both und none zur Verfügung. {clear: right}
float	Dieses Schlüsselwort ermöglicht die Ausrichtung eines Blocks. Dabei stehen die Werte right, left und none zur Verfügung. {float: none}

Text

Schlüsselwort	Beschreibung
word-spacing	Hier wird festgelegt, wie groß der Zwischenraum zwischen zwei Wörtern ist. {word-spacing: 1cm}
letter-spacing	Hier wird festgelegt, wie groß der Zwischenraum zwischen zwei Buchstaben ist. {word-spacing: 0.1cm}
vertical-align	Hier wird die vertikale Ausrichtung des Textes festgelegt. Es stehen die Werte bottom, top, baseline, middle, text-top, text-bottom, super und sub zur Verfügung. {vertical-align: top}
text-decoration	Dieses Schlüsselwort definiert, wie Text dargestellt werden soll. Es existieren die Werte underline, line-through und blink. {text-dekoration: blink}

Schlüsselwort	Beschreibung
text-align	Hier wird die horizontale Ausrichtung des Textes festgelegt. Es stehen die Werte left, right, justify und center zur Verfügung. {text-align: right}
text-transform	Mit Hilfe dieses Schlüsselworts können Sie festlegen, wie der Text dargestellt werden soll. Es können alle Buchstaben groß geschrieben werden (uppercase), alle klein (lowercase), oder der erste Buchstabe eines jeden Worts ist groß (capitalize). Außerdem können Sie noch den Wert none setzen. {text-transform: uppercase}
text-indent	Hier wird der Texteinzug festgelegt. {text-indent: 1cm}
line-height	Der Abstand zwischen zwei Linien wird so als Zeilenhöhe gesetzt. Dabei steht der Abstand in Relation zur Größe des Inhalts des Tags. {line-height: 2.3}

Positionierung

Schlüsselwort	Beschreibung
position	Dieses Schlüsselwort ermöglicht das Positionieren von Taginhalten. Dabei kann es den Wert static haben, d.h., es lässt sich nicht verschieben. Außerdem kann es abhängig von anderen Tags positioniert werden (relative) oder unabhängig (absolute). {position: relative}
left	Das Schlüsselwort gibt den Abstand in Pixeln vom linken Rand aus gesehen an. {left: 40px}

Schlüsselwort	Beschreibung
top	Das Schlüsselwort gibt den Abstand in Pixeln vom oberen Rand aus gesehen an. {top: 40px}
width	Das Schlüsselwort gibt die Breite des Taginhalts in Pixeln an. {width: 80px}
height	Das Schlüsselwort gibt die Höhe des Taginhalts in Pixeln an. {height: 80px}
visibility	Dieses Schlüsselwort kann den Inhalt eines Tags verstecken, also unsichtbar machen. Es hat die Werte hidden und visible. {visibility: hidden}
z-index	Mit diesem Schlüsselwort können Sie die Reihenfolge der Tags festlegen. Dazu werden sie durchnummeriert. {z-index: 1}

Dateien für Frames

Hier finden Sie die XHTML-Dateien, die in Kapitel 8 zum Füllen der Frames verwendet wurden.

Die Datei Test1.html

Dies ist die Datei Test1.html in der ursprünglichen Form:

```
<?xml version="1.0"?>
<!DOCTYPE html PUBLIC "-//W3C//DTD XHTML 1.0 Strict//EN" "DTD/xhtml1-strict.dtd">
<html xmlns="http://www.w3.org/1999/xhtml" xml:lang="en" lang="en">
<head>
```

```
</head>
<body>
In dieses Fenster wird die Datei <br/>
<h2> Test1.html </h2><br/>
geladen.
<body/>
</html>
```

Dies ist die Datei Test1.html nachdem Sie geändert wurde:

```
<?xml version="1.0"?>
<!DOCTYPE html PUBLIC "-//W3C//DTD XHTML 1.0 Strict//EN"
"DTD/xhtml1-strict.dtd">
<html xmlns="http://www.w3.org/1999/xhtml" xml:lang="en"
lang="en">
<head>
<title> Beispieldatei </title>
</head>
<body>
<h2> Test1.html </h2>
<a href="Test3.html" target="2"> Link zu Test3.html </a>
Die Darstellung des Dokuments Test3.htm soll im rechten Fenster
erfolgen.
</body>
</html>
```

Die Datei Test2.html

```
<?xml version="1.0"?>
<!DOCTYPE html PUBLIC "-//W3C//DTD XHTML 1.0 Strict//EN" "DTD/
xhtml1-strict.dtd">
<html xmlns="http://www.w3.org/1999/xhtml" xml:lang="en"
lang="en">
```

```
<head>
</head>
<body>
In dieses Fenster wird die Datei <br/>
<h2> Test2.html </h2><br/>
geladen.
<body/>
</html>
```

Die Datei Test3.html

```
<?xml version="1.0"?>
<!DOCTYPE html PUBLIC "-//W3C//DTD XHTML 1.0 Strict//EN"
"DTD/xhtml1-strict.dtd">
<html xmlns="http://www.w3.org/1999/xhtml" xml:lang="en"
lang="en">
<head>
<title> Beispieldatei </title>
</head>
<body>
<h2> Test3.html </h2>
Jetzt ist der Link ausgeführt. <br/>
Sie sehen die Datei Test3.html.
</body>
</html>
```

Index

XHTML 1.0

Index

Symbols

#PCDATA 307

A

a 109
Abkürzungen 90
Absatz 65
Absatzformate 272
Account 329
acronym 90
action 220
ActiveX 329
   einbinden 286
align 71, 165
alt 131
Alternativtext 131, 282
Anchor 329
Anker 109
ANSI 329
Antwort-Header 243
API 329
Applet 287, 329
   einbinden 285
Archie 28, 329
area 147
ASCII-Datei 330
ASCII-Format 35
ATTLIST 309
Attribut 68, 309, 330
   kombinieren 73
   Minimierung 347
   Schreibweise 346
Auflösung 155
Auszeichnungen 45
   logische 45
   physische 45
   semantische 46
Auszeichnungssprache 35, 41
AVI 330

B

b 82
Backbone 330
background-color 258
background-image 258
Bandbreite 29, 330
base 58
basefont 288
Beschriftung der Formularfelder 223
Betonung 92
bgcolor 177
bgsound 58
big 87
Bildbeschriftung 135
Bilderrahmen 170
Bildpunkte 155
Binärdatei 330
Bit 330
BMP 152
Body 22, 56, 58
Bookmark 330
border 137, 282
bordercolor 178
bps 330
br 63
Browsen 20, 330
Browser 331

Button 229
Byte 331

C

caption 163
Cascading Style Sheets 250, 332
case sensitive 53, 331, 346
CDATA 331, 348
CDF 331
cellpadding 172
cellspacing 172
center 288
CERN 29
CGI 240, 331
CGI-Ressourcen 243
Channel 25
Channel Definition Format 331
Chatten 25, 331
Checkbox 331
Checkbuttons 233
cite 91
Client 332
code 91
color 256
cols 192, 235
colspan 174
Common Gateway Interface 241
Content 243
Content-Type-Antwort-Header 243
Copyright 155
CSS 251, 332
CSS-Schlüsselwörter 360
Cursor 332

D

data 279
Definition 91
Delimitierung 47, 332, 347
dfn 91

DFÜ 332
dir 289
Discussiongroup 23
dl 103
DNS 332
Doctype Declaration 296
Document Object Model 332
Document Type Declaration 43, 55, 333
Dokumentenkopf 57
DOM 332
Domain 332
Domainname 333
Download 26, 333
DSSSL 333
dt 103
DTD 43, 55, 191, 304, 333
 für Frames 56
 interne 303
 planen 304

E

EBNF 333
Eintrag
 fest selektieren 239
Element 52, 305
 definieren 303, 306
 leeres 52, 347
 überlappend 345
em 92
E-Mail 21, 333
E-Mail-Adresse 22
Emphasis 92
Endtag 52
Entity 59, 298, 333
Extended Backus-Naur-Form 333
Extensible Hypertext Markup Language 35, 44
Extension 44

F

Farbnamen 178
Favoriten 336
Feldbezeichnung 238
Feldgröße 235
Flame 25, 333
font 288
font-family 253
font-size 255
form 220
Formatierung
   hochgestellt 86
   kleiner 87
   tiefergestellt 87
Formular
   absenden 230
   zurücksetzen 230
Formularfeld
   beschriften 223
Formularfeldarten 226
frameborder 192
Frames 189, 334
   Aufteilung planen 213
   horizontale 198
   Rahmen 205
   Rand 192
   unsichtbarer Rand 192
   vertikale 198
   zuordnen 203
   zuweisen 202
Frameset 190
   Aufbau 191
   verschachteln 198
FTP 26, 334
Fußnoten 89

G

GIF 153, 334
GIF89a 153
Glossar 103

Gopher 27, 334
Grafik 127
   als Link 142
   auf anderem Server 130
   ausrichten 134, 282
   beschriften 135
   einbinden 127, 279
   gezielt einsetzen 154
   in Formular 225
   in Tabellen 166
   lokale 128
   mit Rahmen 137
   positionieren 134
   Rahmen 282
   skalieren 140
   transparente 156
   unsichtbarer Rand 138
Grafikformate 152

H

head 55, 57
Header 22, 243
Hintergrund 257
Hintergrundfarbe 258
Hit 334
hn 79
Homepage 334
Host 334
Hosting 334
Hot-Spot 147
   Koordinaten 149
Hot-Spot Form 148
hr 66
href 110
htm 44
HTML 21, 334
HTML 4.01 345
html 45
HTTP 21, 242, 334

Hyperlink 19, 335
Hypermedia 335
HyperText Transfer Protocol 242
Hypertextdokument 61, 335

I

i 83
id 348
Imagemap
 definieren 148
IMAP 335
img 127, 147
input 222, 226, 233
Interlaced-Gif-Bilder 157
Internet 26, 335
IP-Adresse 335
IRC 25, 335
ISDN 335
isindex 58, 287
ISO 336
ISO 8859 60
ISP 336

J

Java 31, 336
Java-Applet 336
JavaScript 336
JPEG 152, 336
JPG 152

K

kbd 92
Klassen 272
 bilden 272
Klassennamen 272
Kommentare 58
Kontaktformular 242
Kopfzellen 163

L

Leerzeichen 347
Lesezeichen 336
li 95
Linie 66
 ausrichten 71
Linienstärke 69
Link 19, 109, 336
 grafischer 143
 in neues Fenster 120
 lokaler 110
 zu Dateien 119
 zu E-Mail 117
 zu Internetdiensten 118
link 251
Liste
 Aufzählungsarten 99
 gliedern 97
 sortierte 95
 unsortierte 98
 verbinden 102
 verschachteln 97
Listeneintrag 95, 237
Listing 91
listing 290

M

Mailen 336
Mail-Filter 336
mailto 117
map 147
marginheight 207
marginwidth 207
Markup 51, 336
maxlength 224
Mehrspaltiger Satz 182
menu 289
meta 58

Metasprache 337
method 220
MIME 337
MIME-Typ 250, 280, 284
Mirror 27
Modem 337
MPEG 337
multiple 239

N

Namespace 55, 312
Netiquette 25, 337
Netnews 23, 337
News 23
Newsgroup 23, 337
Newsserver 24
Nickname 338
NNTP 24, 338
noframes 210
noshade 73
NSCA Mosaic 29
Numerisches Feld 226

O

object 279
Offline 338
ol 95
Online 338
Onlinedienst 338
Onlinerecherche 19
option 237

P

p 65
PCDATA 338
PERL 338
plaintext 290

PNG 152
Pollen 338
POP 3 338
Position
 absolute 267
 horizontale 267
 vertikale 268
Positionierung 267
Posten 338
PPP 338
pre 290
Prolog 297, 339
Protokoll 339
Provider 38, 339
Proxy 339
Proxyserver 339
Pseudonym 338

Q

Quelltext 35

R

Radiobuttons 233, 339
Rahmen
 unterdrücken 144
Reset 229
RFC 339
rows 194, 235
rowspan 174

S

s 289
samp 92
Schaltfläche 228
 beschriften 230
Schaltflächengröße 230, 232
Schaltflächenlook 146

Schlüsselwort 253
Schriftart 253
Schriftattribute 272
Schriftfamilie 253
Schriftfarbe 256
Schriftgröße 255
script 347
Scroll-Leiste 205
    abschalten 207
Seitenlayout 213
Seitentitel 57
Seitenzähler 241
select 237
selected 239
Server 339
SGML 41, 339
Signature 340
Site 340
size 238
small 87
SMTP 340
Spalten 161
Spanning 174
src 200
Startpunkt 111
Statistische Auswertungen 241
STRIKE 288
strong 93
style 58, 250
Style Sheet 249
    definieren 252
    einbinden 250
    externes 251
    in XML 252
    internes 250
sub 87
Submit 229
Submitbutton 229
Suchsystem 241

sup 86
Surfen 20, 340

T

Tabelle 161
    Breite 167
    farbiger Rahmen 178
    Inhalt fett 163
    mehrspaltiger Satz 182
    Rahmen 170
    Rand 170
    Überschrift 163
    Unterschrift 165
    Zellen verbinden 174
    Zellfarben festlegen 180
    Zellhöhe 168
table 161
Tag 36, 51, 340
    definieren 303
    eigenes 295
    kombinieren 88
    verschachtelt 85
target 120
TCP/IP 26, 340
td 161
Telnet 27, 340
Text
    fett 82
    groß 87
    hochgestellt 86
    klein 87
    kursiv 83
    nichtproportionale Schrift 89
    positionieren 265
    tiefgestellt 87
textarea 235
Textauszeichnungen
    logische 90
    physische 81
Textfeld 222
    beschriften 223

mehrzeilig 235
th 163
Thumbnails 145, 154
title 55
Topleveldomain 340
tr 161
tt 89
type 99, 226, 250, 279

U

u 289
Überschrift 79
Überschriftenebenen 79
Überschriftenhierarchien 80
Übertragungsrate 340
ul 98
URL 20, 340
Usenet 340
Usenet-News 23

V

valid document 299
value 233, 238
var 93
Variablen 93
Vergrößerung 87
Verknüpfungen 109
Video
    einbinden 279, 284
VRML 31, 341

W

W3C 31
W3-Consortium 31
WAIS 27
Web 19, 341
Webapplikationen 29
Web-Browser 20, 36, 341

Web-Space 38
    kostenlos 38
well formed 298, 341
width 69, 167
Winsock 341
Wohlgeformtheit 341, 345
World Wide Web 19, 341
Wurzelelement 305
WWW 19, 341
WYSIWYG 341

X

XHTML 44
XHTML 1.0 345
XHTML-Dokument 53
XHTML-Seite 51
XML 21, 29, 31, 42, 295, 345
XML-Deklaration 296, 341
XML-Dokument 297
    gültiges 299
    wohlgeformtes 298
xmp 290
XSL 342

Z

Zeilenumbruch 63
Zieladresse 110, 115
Zielanker 114
Zieldokument 203
Zielname 111
Zielpunkt 111

1000 FRAGEN & 1000 ANTWORTEN

Warum sehen meine HTML-Dokumente nicht in allen Browsern gleich aus?

Welche Gestaltungsmöglichkeiten bieten mir Cascading-Style-Sheets?

Wie binde ich Java-Applets in HTML-Seiten ein?

Arno Lindhorst

512 Seiten

Solche und ähnliche Fragen stellen sich tagtäglich Tausende ratlose Anwender und suchen meist vergebens Hilfe bei der Lösung ihres Problems. Die Reihe 1000 Fragen & 1000 Antworten hilft hier weiter! Sie greift das aus dem Internet bekannte Prinzip der FAQs (*Frequently Asked Questions*) auf und bietet in gedruckter Form Lösungen zu immer wieder auftretenden Problemen im Umgang mit Hard- und Software.

In diesem Buch finden Sie 1000 Antworten zu allen denkbaren Problembereichen rund um HTML. Dabei werden sowohl typische Anfänger-Fragen als auch fortgeschrittene Problemstellungen behandelt. 1000 Antworten auf 1000 Fragen lassen so gut wie kein Problem mehr ungelöst!

ISBN 3-8287-5506-2

DM	19,90
öS	145,00
sFr	19,00

bhv Verlags GmbH • Novesiastraße 60 • 41564 Kaarst • Fax: 0 21 31 / 765-101 • http://www.bhv.net

DAS EINSTEIGERSEMINAR

XML

Michael Seeboerger-Weichselbaum

Der methodische und
ausführliche Einstieg
416 Seiten
Einsteiger-Know-how

Dieses Buch vereint die Erfahrung des Autors und Seminarleiters Michael Seeboerger-Weichselbaum mit dem didaktisch fundierten Konzept der Seminarunterlagenreihe *Das Einsteigerseminar*. XML ist der Standard im Internet, der neue Wege eröffnet. Es stellt eine immense Erweiterung und Verbesserung der Möglichkeiten von HTML dar und bietet mit der Fähigkeit, eigene Tags und Attribute zu erstellen, eine neue Form von Web-Sites, die mit herkömmlichen Methoden nicht mehr zu verwirklichen sind. Das Buch richtet sich an Leserinnen und Leser, die erste praktische Schritte mit XML unternehmen möchten, aber bereits Erfahrungen im Umgang mit HTML besitzen.

ISBN 3-8287-1018-2

DM	19,80
öS	145,00
sFr	19,00

bhv Verlags GmbH • Novesiastraße 60 • 41564 Kaarst • Fax: 0 21 31 / 765-101 • http://www.bhv.net

DAS EINSTEIGERSEMINAR

CGI-Scriptprogrammierung

Arno Lindhorst

Der methodische und ausführliche Einstieg
288 Seiten
Einsteiger-Know-how

Das Internet entwickelt sich immer rasanter, und immer mehr Anwender möchten mit ihrer eigenen Homepage im Internet präsent sein. Bei der Erstellung von Internet-Projekten spielt die CGI-Scriptprogrammierung eine wichtige Rolle. Die Auseinandersetzung mit CGI ist vor allem für diejenigen Anwender unumgänglich, die nicht nur statische Seiten ins Web stellen möchten, sondern ihre Homepage mit interaktiven Elementen ausstatten wollen. CGI erlaubt die Verarbeitung von Benutzereingaben und die Reaktion auf Benutzeranfragen. Anwendung findet CGI beispielsweise bei der Erstellung von Suchdatenbanken, Gästebüchern, Zugriffszählern sowie elektronischen Warenkörben bzw. Bestellsystemen. Dieses Einsteigerseminar richtet sich an Leser, die bisher nur wenige oder keine Erfahrungen mit CGI gemacht haben und einen ersten Einblick in dieses Thema erhalten möchten.

ISBN 3-8287-1084-0

DM	19,80
öS	145,00
sFr	19,00

bhv Verlags GmbH • Novesiastraße 60 • 41564 Kaarst • Fax: 0 21 31 / 765-101 • http://www.bhv.net

DAS EINSTEIGERSEMINAR

VRML

Rolf Däßler

Der methodische und
ausführliche Einstieg
416 Seiten
Einsteiger-Know-how

VRML ist die Sprache, die das Internet um die dritte Dimension erweitert. Dreidimensionale Modelle für Produktpräsentationen, begehbare Gebäudekomplexe oder virtuelle Stadtrundfahrten sind nur einige Anwendungsbeispiele für VRML. Die Version VRML97 ist noch leistungsfähiger als ihre Vorgänger-Versionen. Dynamik und Interaktion machen aus statischen Modellen Erlebniswelten.

Der vorliegende Titel bietet Ihnen einen didaktisch fundierten und praxisnahen Einstieg in die 3D-Welt. Er gibt Ihnen das nötige Know-how an die Hand, um faszinierende virtuelle Welten zu gestalten. Anhand von sofort anwendbaren Programmbeispielen werden Ihnen die wichtigsten Funktionen vorgestellt, so dass Sie VRML schon nach kurzer Zeit für Ihre eigenen Zwecke einsetzen können. Alles, was Sie benötigen, sind ein Web-Browser, ein Texteditor sowie dieses Buch.

ISBN 3-8287-1082-4

DM	19,80
öS	145,00
sFr	19,00

bhv Verlags GmbH • Novesiastraße 60 • 41564 Kaarst • Fax: 0 21 31 / 765-101 • http://www.bhv.net